Barrière et Plausier

Lange de rsbimint

Drome

1861

L'ANGE DE MINUIT

DRAME

Représenté pour la première fois, à Paris, sur le théâtre de l'Ambigu-Comique,
le 5 mars 1861.

LAGNY. — Typogr. de A. VARIGAULT et Cie.

L'ANGE

DE MINUIT

DRAME EN SIX ACTES

PAR

THÉODORE BARRIÈRE et ÉDOUARD PLOUVIER

PARIS

MICHEL LÉVY FRÈRES, LIBRAIRES-ÉDITEURS

RUE VIVIENNE, 2 BIS

—

1861

PERSONNAGES

LE DOCTEUR ARY KŒRNER......... MM. Paul Bondois.
LE BARON DE LAMBECH............. Castellano.
LE COMTE DE STRAMBERG.......... Faille.
KARL, son fils..................... P. Clèves.
BECKMANN......................... Berret.
LE DOCTEUR RANSPACH............ Schey.
LUTZ.............................. Antonin.
VERNER........................... Hoster.
GARDEN, étudiant.................. Constant.
SHEBEL, idem...................... Courtès.
RANDAL, idem...................... Duchemin.
RUTTER, domestique................ Desormes.
JOSEPH, idem...................... Lavergne.
SAMUEL, mendiant.................. Bource.
HERMANN, idem..................... Guyot.
UN BATELIER....................... Jules.
UN AFFICHEUR...................... Renaud.
L'ANGE DE MINUIT.................. Mmes Méa.
MARGUERITE DE STRAMBERG, fille du
  comte........................... Defodon.
CATHERINE KŒRNER, mère d'Ary... Gilbert.
MARTHE BURNA..................... Blanchard.
AGAR, servante au *Taureau noir*...... Maria Blum.
PAULA, mendiante.................. Clara.
Étudiants, invités, domestiques, mendiants, etc.

Costumes allemands de la fin du xviiie siècle.

S'adresser, pour la musique, à M. Alexandre Artus, chef d'orchestre, et, pour la mise en scène, à M. Masson, souffleur, au théâtre de l'Ambigu-Comique.

L'ANGE DE MINUIT

ACTE PREMIER

Le médecin des pauvres

CHEZ ARY KOERNER.

Une salle basse : à droite, un escalier conduisant à la chambre de Catherine ; au fond, de face, une porte ouvrant sur la rue, et, de chaque côté, une haute fenêtre à petits vitraux enchâssés de plomb, à travers lesquels on aperçoit le dehors ; à gauche, une porte ouvrant sur la chambre d'Ary ; meubles très-simples : un grand buffet, une table, un grand fauteuil, chaises de paille, etc.

SCÈNE PREMIÈRE.

CATHERINE, seule.

(Quand le rideau se lève, il ne fait pas encore jour. Catherine sort de sa chambre et descend l'escalier.)

Le petit jour ! Oui, je ne me trompais pas ! C'était bien le linot qui chantait dans le jardin du voisin Muller ! (En parlant, elle va ouvrir les volets extérieurs de la salle, puis elle vient au buffet.) Et moi qui n'ai rien préparé encore pour recevoir nos visiteurs !... Ah ! ah ! vous vieillissez, madame Kœrner. Il fut un temps où vous chantiez déjà quand le linot dormait encore... (Soupirant.) Ah ! mais, dans ce temps-là, j'étais une jeune fille joyeuse, fêtée au foyer maternel, et, plus tard, j'étais une jeune femme heureuse sous le toit de son mari, tandis qu'à présent... (Vivement.) Eh bien, à présent, j'ai un fils, j'ai toujours du bonheur ! (Allant vers la gauche.) Mon fils ! mon pauvre Ary ! il est là, il dort, il aura veillé tard sur ses livres, et... (Elle a ouvert doucement la porte de la chambre.) Mais non ! le lit est vide, la chambre est déserte ; cher enfant ! Moi qui craignais de troubler son repos !... Les malades n'y auront pas mis tant de précaution, et Dieu sait à quelle heure Ary se sera levé !... (Ouvrant la porte du fond.) Mais il me semble que mon monde est en retard, ce matin ! (Regardant dans la rue.) On circule déjà dans la ville, pourtant; Munich est matinale aujourd'hui... Ah! là-bas, au tournant de la rue, ces hommes et ces femmes qui viennent de ce côté, ce sont mes visiteurs, je les reconnais! (Revenant au buffet.) Allons, dans ma jeunesse, en me levant, je faisais des bouquets, maintenant je fais des aumônes... A chaque âge ses fleurs! (Catherine tire du buffet diverses provisions qu'elle pose sur la table. Les mendiants paraissent au fond et s'arrêtent devant la porte.)

SCÈNE II.

CATHERINE, SAMUEL, HERMANN, PAULA, et quelques autres
MENDIANTS et MENDIANTES.

(Paula tient un bouquet.)

HERMANN, en dehors.

La porte est ouverte...

SAMUEL, avançant la tête.

Et voici la bonne dame debout... Elle nous attendait... Allons, entrons!... (En entrant.) Le ciel bénisse vos jours, dame Catherine!

HERMANN ET LES AUTRES, le suivant.

Le ciel bénisse vos jours!

CATHERINE, se retournant.

Ceux de mon fils d'abord, mes amis!

SAMUEL.

Le ciel bénisse les jours du jeune docteur Kœrner!

CATHERINE.

A la bonne heure !...

PAULA, timidement.

Pardon, chère dame Catherine; mais, vous le savez, si pauvre qu'on soit, on peut toujours, grâce à Dieu, (Elle montre son bouquet.) penser à ceux qui vous font du bien, et leur faire voir qu'on y pense. Aussi, en venant chez vous, nous avons cueilli cette touffe de fleurs des champs, et... voulez-vous l'accepter, dame Catherine?

CATHERINE, le prenant.

Merci, Paula!... Je vais mettre vos belles fleurs là, pour égayer notre repas. (Elle met les fleurs dans le pot à bière.) Et maintenant à toi, d'abord, Hermann, prends cette robe pour ta petite Marthe...

HERMANN.

Merci, dame Catherine!

CATHERINE, gaiement aux mendiants.

Quant à vos petits, à vous, voilà pour eux... (Elle leur donne divers objets d'utilité.)

TOUS.

Merci, merci, dame Catherine !

PAULA.

Ah! bonne âme de bonne femme! Que Dieu nous entende toujours, et qu'il vous conserve pour votre fils et pour nous ! (Karl vient de paraître au seuil de la porte et il contemple cette scène.)

CATHERINE.

Merci pour moi, mes braves gens!

KARL, se montrant.

Et merci pour mon ami, le docteur Kœrner! (Les mendiants passent devant Karl en s'inclinant.)

SCÉNE III.

CATHERINE, KARL.

KARL, regardant Catherine avec tendresse.

Est-elle contente! Et ça va-t-il bien à sa bonne figure ce contentement-là!... (Haut.) Madame Kœrner, je ne vous prends pas en traître! Gare à vous! (Il l'embrasse.) Je vais vous embrasser!... Et mon ami, mon docteur, mon grand homme! Il est donc déjà sorti?

CATHERINE.

Eh! mon Dieu, oui... pour quelque maladie qui se sera levée avant le jour; un reste de la dernière épidémie, peut-être !... Ah! c'est égal, à force de rendre la santé aux autres, mon pauvre Ary y laissera la sienne, vous verrez...

KARL.

Oh! que non! Ary est fort; et, d'ailleurs... c'est même une chose qui m'a toujours attendri, moi... les maladies les plus contagieuses respectent les médecins. Pourquoi donc ça, hein? Tenez, il y a là quelque chose de beau !...

CATHERINE.

Oui, oui, monsieur Karl, oui! Mais, j'y pense, mon fils avait aussi à aller recevoir un peu d'argent ce matin... Et, figurez-vous qu'hier au soir il m'avait menée prendre l'air le long de l'Isar; comme nous passions dans la rue du Soleil pour revenir, Ary m'a surprise regardant involontairement un pâté de poisson. « Ah! ma mère, m'a-t-il dit, voilà une chose que tu aimes toujours!... Eh bien, demain, j'ai à toucher quelques florins, je veux ajouter ce pâté-là à notre déjeuner! »

KARL.

Lucullus va donc déjeuner chez Lucullus!

CATHERINE.

Ary n'aura voulu rentrer qu'une fois tout cela fait; attendez-le, monsieur Karl, vous déjeunerez avec nous; moi, pendant ce temps, je vais faire un peu de toilette! (Elle se dirige vers l'escalier.)

KARL.

De la toilette?

CATHERINE, s'arrêtant sur les marches.

Pour qui en ferais-je donc, si ce n'est pas pour mon fils?
Je suis la seule femme qui puisse reposer ses yeux, ses yeux
qui ne s'arrêtent que sur des malades; vous voyez bien qu'il
faut me faire aussi belle que je peux! Attendez-le, il ne tar-
dera pas. (Elle rentre chez elle.)

SCÈNE IV.

KARL, puis ARY.

KARL, sur le seuil.

Bonne et sainte femme!... Ah! qu'ils sont heureux, les fils
qui ont de telles mères... et qui les gardent!... (Avec un soupir.)
La nôtre était ainsi; mais nous l'avons perdue!

ARY; il a l'air soucieux.

Bonjour, Karl! Tu es seul?

KARL.

Oh! il n'y a pas longtemps; ta mère me quitte. Je l'avais
trouvée au milieu des pauvres, qui regardent toujours votre
logis comme la maison du bon Dieu!

ARY, tristement.

Pauvre bon Dieu!

KARL.

Hein? Qu'est-ce que tu dis donc? Tu es triste, mon ami? Eh
bien, pardieu! je t'arracherai à tes tristesses! Moi et nos
amis, les compagnons d'étude, en comptant Garden et Randal, et aussi Shebel, qui arrive de France, nous avons résolu de t'emmener à une petite fête.

ARY.

Moi?...

KARL.

Oui, toi! On a choisi la taverne du *Taureau noir*, dans
l'île de maître Krapht, sur l'Isar. Là, on boira et on mangera,
on fumera et on divaguera... Entre deux repas, nous ferons
une promenade sur l'eau, et, entre deux bouteilles, nous
sauverons l'Allemagne! Qu'en dis-tu?

ARY.

Tu ne songes donc toujours qu'aux divertissements?

KARL.

Oui; et ça m'ennuie bien, va, le plus souvent... Mais, que
diable veux-tu que je fasse, moi! Je suis d'une belle et noble
famille, c'est vrai... les comtes de Stramberg ont toujours
gardé en Bavière un des plus hauts rangs. Dieu m'ayant repris ma mère, j'aurais su vivre entre mon père et ma sœur,

je les aimais si bien!... mais je n'ai jamais pu m'accoutumer
au despotisme de mon père.

ARY.

Oui, tu m'as dit ses exigences, et je sais que c'est lui-même
peut-être qui, en voulant te maintenir dans la sagesse par
trop de rigueur, t'a poussé à les folies.

KARL, soupirant.

Oh! il y avait encore quelque chose de plus grave, quelque
chose qui touchait à ma sœur Marguerite, et que je te dirai
peut-être plus tard... Bref, j'ai voulu me passer de son assis-
tance : je me suis fait étudiant; mais c'est long, l'étude; je
sens bien, d'ailleurs, que je ne serai jamais médecin... le but
me manque. Ce qui ne me manque pas, ce sont les occasions
de plaisir, et j'en profite! Que diable veux-tu que je fasse!

ARY.

Je veux que tu travailles! Travailles donc! Le jour où ma
science te livrera quelqu'un des secrets qu'elle garde aux la-
borieux, tu voudras les connaître tous! Et il y en a tant!

KARL.

Possible! Je le veux bien!... Nous en reparlerons... tiens,
nous en reparlerons demain ; mais, aujourd'hui, tu vas venir
chez maître Krapht.

ARY.

Non, Karl.

KARL.

Comment! tu refuses?

ARY.

Oui, mon ami.

KARL.

Pourquoi?

ARY.

Pourquoi?... Ah! Karl, ces choses-là sont toujours bien
difficiles à dire, même à un ami... Tu me demandes pourquoi? (Apercevant Marthe qui entre.) Ah! tiens, Karl, voilà justement le pourquoi qui arrive!

SCÈNE V.

LES MÊMES, MARTHE, puis VERNER.

MARTHE, sans voir Karl.

Monsieur Kœrner, je vous dérange peut-être... Mais c'est
mon mari, c'est M. Burna qui a voulu... Non certes qu'il soit
inquiet; mais vous savez... à de certaines époques, il faut
mettre ses livres en règles, et comme, après tout, on ne peut
demander de l'argent...

ARY.

Qu'à ceux qui vous en doivent : vous venez en chercher ici, n'est-ce pas, dame Marthe?

MARTHE.

Il ne faut pas en vouloir à mon mari; mais, vous savez, dans le commerce...

ARY.

Oh! je ne vous en veux pas, madame Burna, de me demander de l'argent. Puissiez-vous ne pas m'en vouloir davantage de ne pouvoir point vous en donner.

MARTHE, changeant de ton.

Hein?

ARY.

Je suis pauvre, madame Burna, bien pauvre, à cette heure...

MARTHE.

Permettez, monsieur, permettez; mais voilà trois mois que nous vous fournissons du pain, et voilà trois mois que nous n'avons rien reçu.

ARY.

Je le sais, madame Burna.

MARTHE.

Vous le savez! vous le savez! Mais vous devez savoir aussi que l'on ne nous donne pas la farine pour rien? Ce n'est pas avec de belles paroles que nous payons nos ouvriers. Il leur faut leur argent *recta* à la fin de chaque semaine. Ce n'est pas pour notre plaisir que nous travaillons; mais c'est que nous savons que, lorsqu'on n'a pas su se mettre un morceau de pain de côté, ce ne sont pas les autres qui vous en donnent...

ARY.

Voyons, madame Burna, ce n'est pas la faible somme que je vous dois qui...

MARTHE.

Il n'y a pas de faibles sommes, monsieur; les petits ruisseaux font les grandes rivières, et, si tous les ruisseaux étaient comme vous, les rivières seraient bientôt à sec. Il me faut de l'argent!

ARY.

Pardon, madame, je n'en ai pas!

VERNER, qui entrait.

Ah! alors, me voilà payé!

MARTHE.

Monsieur Verner, le brasseur! Vous ne vous attendiez pas à cela?

VERNER.

Oh! pardon! En entrant ici, je n'avais point du tout l'espoir... et, je dirai plus; en consentant à vendre à M. Kœrner, je savais fort bien que je ne serais pas payé ; mais j'ai toujours été dupe de mon bon cœur !

ARY.

Monsieur !

VERNER.

Aussi, je le répète, je ne suis pas surpris ; j'en avais fait mon deuil, et la preuve, M. Kœrner, c'est que je ne veux plus qu'il soit jamais question entre nous de ce que vous me devez. Je vous en tiens quitte.

ARY, indigné.

Quitte ?...

KARL, qui était resté à l'écart, s'avançant tout à coup et faisant tomber, d'un revers de main, le bonnet que Verner gardait sur sa tête.

Insolent !

MARTHE.

M. de Stromberg !

VERNER.

Notre jeune parent !

KARL.

Très-éloigné, monsieur, et qui voit que vous n'essayez point de rapprocher les distances, au moins par la noblesse des sentiments.

VERNER.

Permettez !

KARL.

Mais, c'est une honte, en vérité, que vous osiez parler ainsi dans la maison du docteur des pauvres. Pour être aussi implacable envers ceux que la fortune oublie, il faut que vous ayez vous-même perdu la mémoire. La famille de ma très-honorée mère était pauvre, elle aussi, et vous étiez, monsieur, de la famille de ma mère. (Se tournant aussi vers Marthe.) Si vous êtes riches tous deux à cette heure, c'est à M. le comte de Stromberg que vous le devez. On s'était montré généreux envers vous, vous eussiez dû vous montrer généreux envers les autres ; mais non : pour quelques misérables florins, vous ne craignez pas d'insulter M. Ary Kœrner, mon ami. Eh bien... (Retirant en même temps une épingle de sa cravate et une bague de son doigt ; donnant un bijou à chacun d'eux.) Tenez... voici pour vous !

TOUS DEUX, refusant.

Par exemple !

KARL, avec hauteur.

Prenez... je le veux. Et, maintenant, vous êtes payés, sortez !

VERNER.

Mais...

KARL.

Sortez, vous dis-je. (Verner et dame Marthe s'éloignent la tête basse.)

SCÈNE VI.

ARY, KARL.

ARY.

Mon bon Karl... tu sais tout, maintenant... Tu le vois, nous
sommes bien pauvres! plus pauvres, même, que ceux que
nous secourons... Si bien, vois-tu, qu'il faut à ma mère le
génie de la charité pour pouvoir faire encore le bien qu'elle
fait... Je croyais rapporter quelque argent aujourd'hui, et je
reviens les mains vides...Eh bien, vois-tu, elle n'est pas forte,
ma mère; je sais qu'il lui faudrait du vin, moi, c'est tout au
plus si elle a de la bière. Et ce n'est pas là tout ce qui lui
manque!... Et tu voudrais que je m'en allasse à travers vos
joies, en la laissant ici?

KARL.

Emmenons-la! Nous en ferons la reine de la fête!

ARY.

Tu es fou. Non, va t'amuser encore cette journée, mon
Karl, et laisse-moi dans la vieille maison de mon père. Elle
n'est ni riche ni riante, mais c'est un abri cher à la mère et
à l'enfant, et ce sont encore des heures douces que celles qu'ils
y passent ensemble.

KARL.

Que tu es bon, Ary! et comme tu mérites bien d'être aimé!
(Gaiement.) Ah! du reste, si la terre entière ne t'aime pas, ce ne
sera pas ma faute. Il y a déjà longtemps que je t'ai fait des
amis dévoués; à commencer par M. le comte de Stramberg et
par mademoiselle sa fille. Chère petite sœur, lui ai-je assez
parlé de toi! Ma parole, je crois que ça finissait par l'ennuyer.

ARY, souriant.

Ah!

KARL.

Elle s'y est habituée cependant, et, si bien, que c'est elle
maintenant qui me parle d'Ary Kœrner, l'excellent fils, le
grand médecin!

ARY.

Enfant! (Pendant que Karl parlait, on a vu, au dehors, un homme passer
devant la fenêtre. Aux derniers mots, on voit la porte agitée, comme remuée
extérieurement.)

KARL.

Qu'est-ce donc? On dirait que quelqu'un est à la porte. (La
porte remue de nouveau.)

ARY.

En effet!

KARL.

Sans doute un pauvre malade qui n'ose pas entrer.

ARY, passant devant lui.

Je vais voir... (Il va à la porte et l'ouvre. On aperçoit un homme portant un paquet de papiers, et, sur la porte, à l'extérieur, une grande affiche.) Que faites-vous donc là, mon ami?

L'HOMME.

Ce que je fais, monsieur, vous voulez dire ce que je faisais, car j'ai fini ; (Montrant l'affiche.) je collais là, comme il me l'a été ordonné, une affiche annonçant la vente de cette maison.

ARY.

Ah! c'est le dernier coup !

KARL.

Comment?... (Il s'élance vers l'affiche et lit.—L'homme s'est éloigné.) C'est la vérité !

ARY.

Oui, c'est la vérité, qu'on va vendre la maison du docteur Kœrner, parce que le docteur Kœrner, qui est trop pauvre pour payer son pain, est trop pauvre aussi pour payer les taxes!

KARL, abattu.

Ah! mon ami! mon pauvre ami, qui, si jeune encore, as déjà tant travaillé!

ARY, relevant la tête.

Pas assez, Karl, pas assez! D'ailleurs, j'ai mal travaillé.

KARL.

Toi!

ARY.

Eh! sans doute! tu vois bien que je n'ai pas même su conserver à ma mère l'asile de sa vieillesse!...

KARL.

Mon ami!

ARY.

Et c'est ma faute, va! c'est bien ma faute! car je n'ai pas su faire de ma science métier et marchandise : c'est ma faute! Depuis que je me suis senti un homme, j'ai voulu être un médecin; depuis que je me suis fait médecin, j'ai poursuivi la science avec passion, avec fureur...

KARL.

Et tu as conquis la science.

ARY.

Oui. (Posant sur son front son poing fermé.) Oui ! il y a là quelque chose qui m'éclaire des problèmes sur lesquels se sont usées des générations de savants!

KARL.

Mais, alors...

ARY, s'animant jusqu'à l'exaltation.

Mais alors, n'est-ce pas, si j'ai du talent, pourquoi n'ai-je pas de fortune... pour le prouver? Ah! pourquoi! Tiens, je vais te le dire : Ainsi, par exemple, il y a à Munich un médecin qui se nomme Ranspach, le docteur Ranspach. Pendant

que je me consume, moi, à vouloir surprendre les lois de la
vie dans les ravages de la mort, dans les œuvres de nos maî-
tres, dans les yeux de mes malades, dans mon cerveau, dans
mon âme, partout! pendant que je veille, que je m'épuise,
que je me dévore, sais-tu, Karl, ce que fait le docteur Ranspach? Le docteur Ranspach annonce dans les gazettes des
ouvrages qu'il n'a pas faits; il étale son nom sur des affiches,
il pérore dans les salons. Qu'il est savant, qu'il est habile le
docteur Ranspach! C'est un homme énorme! Il le dit, il l'im-
prime, il le fait crier au bruit de la trompette et du tambour,
il l'affirme par serment. Il faut bien le lire, il faut bien l'é-
couter, il faut bien le croire. Pourquoi douterait-on du génie
d'un homme qui n'a pas douté de la sottise de ses contempo-
rains? Mais on n'en doute pas, oh! non! Partout où je sème,
moi, la récolte est pour cet homme; ce que j'ai mérité depuis
cinq ans dans Munich, c'est à lui qu'on l'a payé... au cen-
tuple! Une épidémie a épouvanté la ville, on m'a appelé dans
un hôpital, mais le docteur Ranspach m'a fait chasser à point
pour avoir l'honneur de mes guérisons. Si bien que ce char-
latan est célèbre, tandis que je suis ignoré dans ma cité na-
tale; riche, tandis que je suis misérable; qu'il a des médailles
d'honneur sur son habit, là où le mien montre la corde!...Si
bien qu'il a les sourires des femmes, tandis que je me sauve
de leurs regards, moi, par peur d'une nouvelle torture : si
j'allais devenir amoureux!... si bien qu'il court en carrosse tuer
des millionnaires dont les héritiers le payent... au poids du
mort, tandis que je vais à pied sauver de pauvres diables qui
ne peuvent rien que me bénir; si bien, enfin, qu'en ce moment, le docteur Ranspach se fait bâtir un palais, tandis que
moi, moi, je ne pourrai pas empêcher qu'on vende demain
la petite maison de mon père!

KARL.

Tais-toi!

ARY.

C'est ma faute!

KARL.

Tais-toi donc!

ARY.

Me taire, et pourquoi?

KARL, montrant la droite.

Ta mère peut entendre... Tu vas faire pleurer ta mère!...

ARY.

Ah! Karl! Merci; où vas-tu?

KARL, ouvrant la porte.

Arracher cette affiche. Il ne faut pas que madame Kœrner
voie cela, et, d'ici à demain, il faut avoir payé les taxes arriérées. (Riant.) J'ai donné fièrement tous mes bijoux, et ma
bourse est vide; mais je suis riche d'une idée... Je vais tâcher
d'en faire de l'argent.

ARY.

Non, non! c'est à moi d'agir, et je vais tout tenter. (Karl a déchiré l'affiche, il l'a broyée et jetée à terre. — Au moment où lui et Ary vont sortir, Catherine paraît à la porte de sa chambre.)

CATHERINE.

Eh quoi! vous sortez, mes enfants?

ARY, courant à elle et l'embrassant.

Ma mère, ma bonne, mon adorée mère, ne gronde pas, nous allons revenir. Attends patiemment; à bientôt, et tâche, en notre absence, de n'avoir que de bonnes pensées.

KARL.

A bientôt, madame Kœrner! (Ils s'élancent tous les deux dehors; on voit Ary disparaître par la gauche et Karl par la droite.)

SCÈNE VII.

CATHERINE, puis BECKMANN.

CATHERINE, seule, arrêtée sur l'escalier.

Que se passe-t-il donc? Ary a la fièvre, et moi-même, qu'é-prouvé-je? Oh! si je souffre, c'est qu'il souffre, lui, mon fils... (Descendant l'escalier.) Je veux le rappeler... ou le suivre, courons! (Elle va pour sortir et se trouve face à face avec Beckmann, qu'on a vu, par les vitraux, arriver de la droite et qui entre.)

CATHERINE, stupéfaite; reculant devant lui.

Vous, monsieur, vous, chez moi! Monsieur Beckmann chez moi!

BECKMANN, très-tranquillement.

Oui, Catherine; vous le voyez bien. Mais appelez-moi donc votre oncle, Catherine; vous n'avez pas cessé d'être ma nièce, que je sache?...

CATHERINE.

Si, monsieur!

BECKMANN, s'asseyant.

Bah!

CATHERINE.

Par parenté, on doit entendre affection et dévouement, pro-tection et solidarité; vous, monsieur, vous avez aboli tout cela entre nous, et nous ne sommes plus rien l'un à l'autre.

BECKMANN, d'un ton doux.

Allons! allons! vous vous échauffez là comme une mé-chante! A quoi bon? Je suis meilleur que vous, moi, puisque je viens vous voir. Voyons, comment se porte mon petit-ne-veu? et vous-même, ma nièce, la santé?

CATHERINE.

En quoi cela vous touche-t-il, monsieur, la santé de mon fils ou la mienne? Avez-vous pensé aux dangers qu'elle pour-rait courir, quand vous êtes parvenu à nous faire déshériter, en votre faveur, par nos derniers parents? J'ai su toutes vos manœuvres, monsieur, et, sur mon âme et ma conscience, je peux jurer, et je vous jure, que vous avez dépouillé mon enfant!

BECKMANN, sans changer d'allure.

Allons, allons, ne nous irritons pas! Eh! mon Dieu! tout le monde a des torts, personne n'est parfait, pas même moi. Voyons, maintenant que nous voilà bons amis, parlons de mon petit-neveu; mais, avant tout, dites-moi donc, (Montrant du bout de sa canne la porte d'entrée.) est-ce qu'on n'est pas encore venu apposer l'affiche de vente, là, sur la porte de votre maison?

CATHERINE, effrayée.

Comment?

BECKMANN.

Vous deviez bien vous attendre à cela! Le docteur Kœrner n'ayant pas, jusqu'ici, trouvé moyen de payer les taxes, la vente de sa maison aura lieu demain.

CATHERINE.

Oh! mon Dieu!

BECKMANN.

J'ai su cela à la maison de ville, moi, et je suis surpris que ça ne soit pas encore affiché... mais ça ne peut pas tarder... J'attendrai; au fait, on est peut-être déjà venu, et... voyons donc? (Pendant que Catherine, tombée assise, est restée le front dans ses mains, il va regarder le côté extérieur de la porte.) Eh! certainement, je disais bien : on est venu, mais l'affiche a été enlevée. (Regardant à terre.) Qu'est-ce là? (Avec le bout de sa canne, il ramène du dehors, dans la salle, un papier qu'il pousse du côté de Catherine.) Tenez, la voilà sûrement, l'affiche. Voulez-vous la relever, Catherine? Moi, par suite de trop grand appétit, je ne peux plus me baisser.

CATHERINE, relevant brusquement le papier et l'ouvrant.

Oui, c'est cela, c'est bien cela! Ah! mon enfant! mon pauvre enfant! (A Beckmann, qui est allé s'asseoir dans le grand fauteuil.) Et c'est par vous, monsieur, qu'il faut que j'apprenne ce malheur! quand vous le saviez d'avance, quand vous auriez pu!... Ah! ah! tenez!...

BECKMANN.

Mais ne nous emportons donc pas, puisque je viens parer à cet accident-là!... Notre jeune homme doit cent florins au bureau des taxes : je les lui apporte.

CATHERINE.

Vous! Mais si vous dites vrai, pourquoi n'être pas venu hier? pourquoi n'avoir point épargné à mon fils un tel affront?

BECKMANN.

Je ne voulais venir visiter mon petit-neveu qu'après la

vente affichée, parce que, ayant besoin de lui, je voulais qu'il lui fût démontré qu'il avait besoin de moi.

CATHERINE.

Ah! voyez-vous combien vous êtes égoïste !

BECKMANN, simplement.

Mais oui, Catherine, certainement je suis égoïste : qu'y a-t-il de plus naturel ? Est-ce qu'avec ma fortune et à mon âge, vous ne le seriez pas, vous ?

CATHERINE.

Moi !

BECKMANN.

D'ailleurs, puisque c'est un crime de se détruire, c'est un devoir de se conserver. Je fais mon devoir, moi. (Sévèrement.) Que chacun fasse le sien.

CATHERINE, amèrement.

Honnête homme !

BECKMANN, avec conviction.

Oui, madame, c'est un honnête homme celui qui apporte de l'argent chez un homme qui n'en a pas...

CATHERINE.

Vous avez beau dire, tout ce que vous regardez comme à vous, c'est le bien de mon enfant.

BECKMANN.

Vous avez raison, Catherine, puisque votre enfant est mon seul héritier. Or, vous ne lui laisserez rien, vous, n'est-ce pas ? Je suis donc meilleur que vous, je disais bien !

CATHERINE, à elle-même.

Que peut-il vouloir demander à Ary ?

BECKMANN, fermant son portefeuille.

Mais, après tout, je n'ai pas l'intention de vous violenter, madame Kœrner. Si vous avez quelque part un château qui vous attende, et si, dès lors, il est indifférent à votre fils et à vous que cette maison soit vendue... adieu ! (Mouvement de sortie.)

CATHERINE, froissant l'affiche.

O mon Dieu ! (A Beckmann.) Non, non, attendez!... Mon fils est absent, mais...

BECKMANN, d'un ton plus bref.

Trouvez-le-moi, alors, trouvez-le-moi, et faites vite !

CATHERINE.

Je vais chercher Ary, monsieur...

BECKMANN, l'interrompant, et d'un ton impératif.

Dites *votre oncle*, Catherine.

CATHERINE.

Oui, mon oncle, attendez un peu, je vous amène Ary.

BECKMANN.

Allez donc !

SCÈNE VIII.

LES MÊMES, LE BARON DE LAMBECH, puis LE DOCTEUR
RANSPACH.

LE BARON, entrant.

Le docteur Kœrner, monsieur, s'il vous plaît ?

CATHERINE.

Entrez, monsieur !

RANSPACH, en entrant.

La maison du médecin Kœrner, ma bonne femme ?

CATHERINE.

C'est ici, messieurs.

LE BARON.

Veuillez dire au docteur que le baron Fritz de Lambech
désire lui parler.

RANSPACH, saluant.

M. le baron ! (A Catherine.) Dites-lui qu'il est attendu par son
plus illustre confrère.

LE BARON.

Le docteur Ranspach !

RANSPACH.

Il m'aurait bien reconnu.

CATHERINE.

J'allais à sa rencontre, messieurs.

RANSPACH, l'arrêtant.

Ah ! pardon ! vous êtes peut-être sa mère ?

CATHERINE.

Oui, monsieur.

RANSPACH.

Ah ! vraiment ! Eh bien, allez vite, ma bonne femme, je
suis pressé. (L'arrêtant comme elle sortait.) On n'a jamais de temps
à perdre quand on n'a, comme moi, qu'un but... soulager
l'humanité.

CATHERINE.

Je cours, messieurs. (A part en sortant.) Que peuvent-ils lui
vouloir ?

SCÈNE IX.

BECKMANN, LE DOCTEUR RANSPACH, LE BARON
DE LAMBECH.

LE BARON.

Eh ! mais, c'est le bon monsieur Beckmann !

BECKMANN.

Ravi de vous rencontrer, monsieur le baron !

RANSPACH.

Mon cher client, je vous offre le bonjour!

BECKMANN.

Bonjour, docteur!

LE BARON.

Singulière rencontre, messieurs, trois hommes comme nous, nobles, (Il se montre.) riches, (Il montre Beckmann.) ou... (Il regarde Ranspach.)

RANSPACH, simplement.

Célèbres...

LE BARON.

Célèbres, si vous voulez, chez un pauvre diable que d'habitude nous ne saluons même pas!

RANSPACH, se récriant.

Ah! permettez... c'est mon confrère.

BECKMANN.

C'est mon parent.

LE BARON.

Un parent qui ne vous émeut guère, généreux Beckmann, car il n'est pas riche : un confrère que vous devez détester, savant Ranspach! car on dit qu'il a du talent... ce que je crois vrai, quoi qu'on dise.

RANSPACH.

Ceux qui sont voués au soulagement de l'humanité ont les oreilles fermées à la raillerie.

LE BARON.

Pardon, mais nous devons être pressés; ne parlons pas de vos oreilles, ce serait trop long.

RANSPACH.

Plaît-il?

BECKMANN.

Puisque nous nous rencontrons, docteur, que pensez-vous de la santé de votre noble client, le comte de Stramberg?

RANSPACH.

Le comte se porte à merveille; pourtant, vous apprendriez demain qu'il est très-malade, qu'il ne faudrait pas vous en étonner. (D'un ton doctoral.) Dans l'organisme, voyez-vous, les principes vitaux sont perpétuellement en lutte avec les principes morbides qui se dégagent incessamment du jeu même des fonctions de l'appareil humain. En sorte qu'à travers des influences... contradictoires, mais incontestables, un principe essentiellement vital peut fléchir à tout moment sous l'action d'un principe fatalement morbide, et voilà pourquoi...

LE BARON.

Votre fille est muette. (Mouvement de Ranspach.) Pas vous!

RANSPACH, poursuivant.

Voilà pourquoi M. le comte de Stramberg, d'une constitution très-robuste, est toujours en danger.

LE BARON.

Le comte en danger?...

RANSPACH.

Hélas ! oui.

LE BARON.

Toujours.?

RANSPACH.

Toujours.

LE BARON.

Mais non.

RANSPACH.

Mais si...

LE BARON.

Il faut le guérir, alors !

RANSPACH.

Et comment ?

LE BARON.

Quittez-le. (Ranspach va pour lui répondre, y renonce et lui tourne le dos.)

BECKMANN.

Diable ! diable !

RANSPACH.

Vous vous intéressez donc bien à la santé du comte, monsieur Beckmann ?

BECKMANN.

Eh ! mais... oui, un peu...

LE BARON.

Dites « beaucoup, » monsieur Beckmann, dites « beaucoup; » et je veux expliquer pourquoi, docteur; cela vous apprendra quels grands intérêts vous tenez dans vos mains, et accroîtra votre importance. J'ai eu un père, moi, docteur, vous ne lui donniez pas vos soins ; je l'ai perdu cependant. Il est mort, je crois, au sortir d'une joyeuse orgie. Ah ! c'est que mon père était un gentilhomme qui menait la vie à grandes guides, et, ma foi, un jour il a versé !... Ses deux plus ardents compagnons de plaisir étaient le comte de Stramberg et M. Beckmann ; car ce sombre comte a été très-gai, et ce bon Beckmann-ci a été très-beau. Comme tout change ! Or, figurez-vous, docteur, qu'à eux trois...

BECKMANN.

Mais, monsieur le baron, il est inutile de dire...

LE BARON.

Pardon, mon cher !... si ça m'amuse, rien n'est plus utile. Figurez-vous donc, docteur, qu'à eux trois ils avaient imaginé une manière de contrat (très-bien fait, ma foi) par lequel le premier mourant laissait aux deux autres une somme considérable à partager... mais, aux termes du même contrat, celui des deux autres qui mourrait ensuite devait laisser sa part au survivant. Qu'arrive-t-il aujourd'hui? c'est que monsieur Beckmann aime mieux que le survivant ce soit lui, et non pas le comte de Stramberg! Est-ce croyable, de la part d'un ami!...

BECKMANN.

Trouveriez-vous naturel que j'aimasse mieux m'en aller le premier?

LE BARON.

Non! oh! non! Et c'est pourquoi, suivant moi, vous devez être ravi de voir pour médecin, au comte, le célèbre docteur Ranspach.

RANSPACH, vexé.

Vraiment, mon cher client, à entendre vos épigrammes ordinaires.

LE BARON.

On m'accuserait d'ingratitude?

RANSPACH.

On croirait que je vous ai sauvé la vie.

LE BARON.

Eh bien! rassurez-vous, voilà une chose qu'on ne croira jamais. Mais il ne s'agit pas de me sauver la vie, heureusement pour vous... et pour moi il s'agit de savoir ce que nous venons faire ici, tous les trois?... (En disant ces mots, il s'appuie sur la table où est restée l'affiche de vente.)

BECKMANN.

Oh! mon Dieu! moi, c'est tout simple, je suis venu voir mon petit-neveu.

RANSPACH, qui regardait autour de lui, avisant le buffet, finit par aller l'ouvrir, à part.

C'est cela, oui, c'est bien cela : intérieur plus que modeste... un buffet d'où il n'est jamais sorti d'indigestion... il n'y durcit pas même une croûte de pain.

LE BARON.

Que regardez-vous donc là, Ranspach, si l'homme que nous attendons est pauvre? Voyez donc cette affiche.

RANSPACH, venant jeter un coup d'œil sur l'affiche.

Oui, la vente de sa maison... Ah! c'est pour demain? (A lui-même.) Parfait !

BECKMANN, à part.

Ils sont gênants.

LE BARON.

Dans tous les cas, si nous sommes ici, ce ne doit pas être pour quelque chose de bien...

BECKMANN, comme froissé.

Ah! monsieur le baron!..

LE BARON.

Vous n'avez pas l'air de vouloir en convenir, vous autres, les vertueux!... Moi, j'avoue... Je suis venu acheter le docteur Kœrner, et c'est pour le mettre au service du mal, puisque je veux le prendre au mien.

RANSPACH, avec bonhomie.

Vraiment, mon cher baron, je ne vous comprends pas! vous vous plaisez à vous dire méchant, et...

LE BARON.

N'allez pas dire que je suis bon!... n'allez pas me faire passer pour un imbécile; je me dis méchant parce que je le suis, et que je veux qu'on le sache.

BECKMANN, très-étonné, à lui-même.

Il veut qu'on le sache!

LE BARON.

C'est que j'ai découvert une vérité, voyez-vous, mes braves gens! Dans ce monde (sans doute aussi dans les autres)... c'est le mal qui triomphe; regardez autour de vous, si vous en doutez, et regardez-vous vous-mêmes... Je me suis mis du parti du mal, moi, j'étais certain de toujours vaincre avec les armes qu'il fournit : j'ai toujours été vainqueur, on ne m'a même jamais blessé.

BECKMANN, à part.

Quel bavard!

LE BARON.

Une fois, j'ai cédé à une tentation puérile, j'ai voulu passer du côté du bien... Ah! quelle école! j'échouais dans tout; on m'a méprisé, dépouillé, poursuivi, traqué, écrasé : aussi comme je suis revenu au mal avec amour!

BECKMANN.

Mais n'est-ce pas bien fatigant.

LE BARON.

En quoi donc?... Je me fais craindre, et l'on est fort quand l'on est redouté... voilà pour la puissance. Les hommes disent : S'il est si mauvais, c'est qu'il n'a besoin de personne; s'il n'a besoin de personne, c'est qu'il est riche, et la fortune vient vite à l'homme qu'on croit riche... voilà pour l'intérêt.

RANSPACH.

Vous m'étonnez!

LE BARON.

Oh! que non!... (Reprenant.) Les femmes se disent : Il est méchant cet homme, il fait peur... mais il doit cacher des trésors de tendresse... Et la curiosité les attire vers moi comme le fer vers l'aimant!... voilà pour le plaisir!... Vive le mal! il n'y a vraiment que cela de bien... Mais, pourquoi diable! nous rencontrons-nous chez ce petit docteur Kœrner?

RANSPACH.

Ma foi, moi, j'ajourne ma visite...

BECKMANN, l'imitant.

Moi aussi!

LE BARON, les arrêtant.

Moi aussi!... Mais chacun de nous reviendra sur les talons de l'autre, pour l'emporter sur le sortant, n'est-ce pas? Faisons mieux : parlons à Kœrner en même temps tous les trois ; nous saurons tout de suite à quoi nous en tenir...

RANSPACH, qui regardait dans la rue.

Justement, voici notre homme.

LE BARON.

Eh bien ! est-ce convenu ?

BECKMANN.

C'est convenu. (A part.) Pourvu que je réussisse.

RANSPACH.

C'est convenu. (A part.) Pour le moment...

SCÈNE X.

Les mêmes, ARY KŒRNER.

ARY, à part, en entrant.

Rien ! et pas d'espoir ! Malheur !... (Apercevant les précédents personnages.) Messieurs !...

RANSPACH, s'avançant et saluant.

Monsieur le docteur Kœrner, nous vous attendons.

ARY.

Et qui me vaut tant d'honneur, messieurs ?

RANSPACH.

Vous allez le savoir... Mais, pardon, docteur, je n'ai peut-être pas l'honneur d'être personnellement connu de vous ?

ARY.

Si fait, monsieur, je vous ai vu entrer un soir, au bal, dans une maison où j'allais soigner un domestique. Je sortais comme vous entriez, et j'ai entendu annoncer le docteur Ranspach. Oh ! je vous connais bien... je connais aussi monsieur Beckmann, que voilà !...

BECKMANN.

Votre grand-oncle, mon ami !

ARY, appuyant.

Monsieur Beckmann. (Se tournant vers le baron.) Il n'y a que monsieur... que je ne connais pas.

LE BARON, s'inclinant légèrement.

Le baron Fritz de Lambech... (Mouvement prononcé d'Ary, qui regarde attentivement le baron ; celui-ci reprend :) Vous connaissez au moins mon nom... je le vois ; j'en suis ravi. Il se trouve, monsieur, que nous avons chacun une requête à vous adresser ou un marché à vous proposer, je ne sais pas bien comment dire ; je ne sais pas non plus qui parlera le premier.

RANSPACH.

Vous, monsieur le baron : à tout seigneur tout honneur.

LE BARON.

Oui, c'est ce que je pensais !... Comme c'est fort simple ce que j'ai à dire, ce sera fort court. D'abord, monsieur,

je suis riche ; entre autres droits que cette vertu-là me donne,
j'use et j'abuse de ceux-ci : je suis irritable, violent, emporté, querelleur, ferrailleur, et, pour ne vous cacher rien,
j'aime à détruire. Il en résulte ceci : au dedans, je bats mes
gens assez facilement, et assez fréquemment je leur casse un
bras, une jambe ou les reins ; au dehors, j'ai des querelles
et des duels... le cheval qui me porte ou la voiture que je
conduis renversent pas mal de piétons, et mon pistolet et
mon épée compromettent pas mal d'existences. (S'arrêtant.)
Hein ? vous disiez ?...

ARY.

Rien, monsieur, rien !

LE BARON, reprenant.

Pourtant, il ne me convient pas d'embarrasser inutilement
ma vie. En cette situation, j'ai résolu d'attacher un médecin
à ma maison, ça m'amusera... et j'ai jeté les yeux sur vous.
Pour mon compte, je ne crois guère à la science, ou plutôt je
n'en ai pas besoin : il me suffit de me savoir très-froid, très-
dur, très-implacable pour être sûr que je vivrai très-vieux ;
mais tout le monde n'a pas mes avantages... Je voudrais donc
que vous puissiez vous charger... (Appuyant.) à mon gré...
(Nouveau mouvement d'Ary.) Plaît-il ? Vous dites ?...

ARY, se domptant encore.

Rien, monsieur... Oh ! je ne trouve pas même un mot !

LE BARON, reprenant.

Que vous puissiez vous charger, à mon gré, du... comment dirai-je ?.. du raccommodage, du... rentoilage des gens
un peu troués, cassés ou ébréchés par moi, au dedans ou au
dehors. Si vous acceptez, je me fais d'abord un plaisir de payer
vos dettes... (Montrant l'affiche.) Celles du bureau des taxes pour
commencer, puis je vous donne trois mille florins par an...
C'est honorable, cela !... (Ary va pour parler ; mais on voit que l'émotion lui ôte la voix. Il se détourne, va s'asseoir sur un coin de la table, en
tournant le dos au public, et porte son mouchoir à ses yeux ; cependant Ranspach dit au baron :)

RANSPACH.

Ainsi, monsieur le baron, vous me changez... vous m'a-
bandonnez ?

LE BARON.

Vous en avez abandonné bien d'autres, vous ! (A Ary.) Eh
bien, vous ne répondez pas ?...

RANSPACH.

Qu'il ne réponde pas avant de m'avoir entendu, moi ; le
voulez-vous, jeune homme ?

ARY, qui s'est remis, se retournant.

Je vous écoute, monsieur.

RANSPACH.

Monsieur, je monte en ce moment, dans le quartier des
Marchands, une grande maison de droguerie et de pharma-

cie; je vais mettre près de cent mille florins, ma foi, dans cette affaire...

ARY.

Pardon, monsieur; mais je ne vois pas ce que je puis avoir de commun avec votre maison de drogueries.

RANSPACH.

Vous allez bien le voir. Il me serait impossible de gérer moi-même ma maison, mon immense maison, et, voulant mettre à sa tête une personne à la fois savante et laborieuse... j'ai pensé...

ARY.

Vous avez pensé?...

RANSPACH.

Eh, parbleu! j'ai pensé à vous!

ARY, après un mouvement réprimé.

Ah! merci, merci, monsieur Ranspach!

RANSPACH, aux autres.

Il ne prend pas mal la chose!

LE BARON, montrant Beckmann qui dort.

Le sommeil de l'innocence!

RANSPACH.

Il digère. (A Ary.) En retour, je vous garantis une existence honnête pour vous et pour votre mère; surtout si elle s'occupe de la boutique. Je l'ai examinée, votre mère... elle y sera fort bien. Il va sans dire (Montrant l'affiche.) que je payerai vos taxes arriérées... Oui, vous serez chez moi logé, nourri...

ARY.

Et blanchi?

RANSPACH.

Et blanchi... Et, à la fin de l'année, vous pourrez mettre quelque chose de côté... Et, voyez-vous, mon garçon, cela vous vaudra mieux que de courir constamment après un malade et après un florin : le malade, on l'attrape quelquefois... mais le florin, on ne l'attrape jamais... Ah! à propos de malades... moi qui allais oublier...

ARY.

Quoi donc, monsieur?

RANSPACH.

Un point essentiel, une condition *sine qua non*, mon garçon : c'est que vous ne discuterez jamais la composition des drogues que je vous ferai faire, et, surtout, que vous vous engagerez formellement à ne plus jamais vous occuper de médecine. Oh! plus jamais! Je ne fais pas d'autres conditions!

LE BARON, à Ary.

Eh bien, qu'en dites-vous?

ARY, riant.

Ah! ah! ah! je dis... ah! ah! ah! je dis que ma vie ne suffira jamais, messieurs, à m'acquitter envers vous; mais

M Beckmann, (Appuyant.) mon oncle! il n'a encore rien dit.
Que peut-il bien m'offrir, mon oncle?

BECKMANN.

Moi, mon enfant, je vieillis, et ça m'ennuie. Le docteur
Ranspach est mon médecin ; mais il ne sait plus m'éviter une
seule indigestion, et ça m'attriste. Je veux donc que tu
viennes tout bonnement vivre avec moi, pour pouvoir me
soigner tendrement, consciencieusement, passionnément,
jour et nuit!... Tu seras aussi mon secrétaire. Si j'ai à rimer
un bouquet à Chloris, les jours où je me porterai bien, c'est
toi que cela regardera; mais, avant tout, ta grande affaire,
ce sera mon appétit, ma santé, ma longévité. Tu ne vivras
plus que pour ton oncle, par ton oncle! Eh! eh! eh!

ARY, avec une ironie contenue.

Pardon, mon oncle... Et ma mère? Ce bon M. Ranspach y
avait pensé, lui!

BECKMANN.

Ta mère! ta mère!...

ARY.

C'est qu'elle vieillit aussi, ma mère... et qu'elle a besoin
aussi de mes soins...

BECKMANN.

Ça ne me regarde pas, moi, cela! Ta mère! ta mère, tu
lui laisseras cette maison-ci, à ta mère!... J'empêche la vente
tout exprès; mais les soins que tu lui donnerais, à *ta mère*,
tu ne me les donnerais pas, à moi! Et je n'entends pas de
cette oreille-là!... Maintenant, écoute : c'est ton plus cher
intérêt de me bien soigner et de me faire vivre très-long-
temps... Plus je mourrai vieux, plus je te laisserai d'argent!
Comprends-tu?... Tu es savant ou tu ne l'es pas... Si tu l'es,
tu dois me faire aller jusqu'à cent ans; je m'y prêterai... et,
ma foi, si tu fais cela, je te laisse tout!... Entends-tu? Tout!
(A ce moment, Ary, qui avait pris la canne de Beckmann et la tournait ma-
chinalement en écoutant, la brise entre ses mains.) Hein! Quoi donc?

ARY, d'une voix tremblante.

Rien! (Courant ouvrir la porte du fond.) Allez-vous-en, tous!

LE BARON.

Remarquez, monsieur, que vous ne nous avez pas répondu...

ARY.

Je vous réponds : allez-vous-en !

RANSPACH.

Mais, jeune homme...

ARY, se contenant à peine, mettant l'affiche en morceaux tout en parlant.

Je suis chez moi, messieurs, je ne veux pas en abuser,
non... je... je suis calme, d'ailleurs, et, comme j'ai à tra-
vailler, je vous prie de me laisser seul... Allez-vous-en !

LE BARON.

Vous êtes, dur pour ces messieurs! (Se retournant vers Ranspach

et Beckmann.) Je crois, du reste, que nous n'avons pas assez offert!... C'est un homme de talent, après tout! Et comme
notre amour-propre doit s'être piqué à ce jeu, que chacun
de nous essaye de l'emporter sur les autres... l'enchère est
ouverte! (Haut.) Moi j'ajoute, à ce que j'ai proposé, une somme
de trois mille florins!...

RANSPACH.

J'ajoute cinq mille florins, moi!

BECKMANN.

J'en mets dix mille!

LE BARON.

J'en donne vingt mille, moi!

ARY, éclatant.

Assez, messieurs, assez!.... (Parlant d'abord d'une voix concentrée,
puis, involontairement, s'animant peu à peu.) Si vous n'aviez voulu
acheter que mes bras, mon temps, mon obscur talent, je vous
eusse arrêtés à vos premiers chiffres. Je sais ce que cela vaut,
mais vous voulez aussi acheter ma conscience!... Cette
chose-là, messieurs, vous ne l'aurez pas! Enchérissez l'un sur
l'autre, remplacez les florins par des thalers, les thalers par
des frédérics, les frédérics par des millions; couvrez chaque
enchère, montez encore, enchérissez toujours, vous serez toujours trop pauvres, messieurs les millionnaires, pour at-
teindre le prix de la conscience d'un honnête homme ! Allez-
vous-en!

LE BARON.

Jeune homme, je suis de ceux qui ne pardonnent jamais;
regardez-moi bien, et... au revoir! (Il sort.)

RANSPACH.

Docteur Kœrner, vous mourrez sur la paille! (Il sort.)

BECKMANN.

Monsieur mon petit-neveu Ary, vous êtes un mauvais fils!
(Il sort. Ary, resté insensible jusque-là, tressaille à cette dernière parole.)

SCÈNE XI.

ARY, puis CATHERINE.

ARY, seul.

Il a dit que j'étais un mauvais fils, il l'a dit!... C'est peut-
être vrai! J'ai peut-être sacrifié ma mère à mon orgueil?...
(S'écriant.) Ma mère!... Où es-tu, ma mère?... Il y a trop longtemps que je ne t'ai vue, que je ne t'ai embrassée! Oh! ces
hommes!... ces hommes!... On dirait qu'ils ont corrompu
l'atmosphère de ma maison!... De l'air!... de l'air!... (Il
ouvre la fenêtre du fond.) La voilà, ma mère... (Elle paraît; il tombe
dans ses bras.) Ah! c'est toi... c'est toi... tu ne sais pas comme
j'avais besoin de te voir!...

CATHERINE, l'embrassant.

Je le sais par moi, mon pauvre enfant! Loin de toi, mon cœur ne bat pas!... Dis-moi, as-tu vu ces hommes qui t'attendaient?

ARY, redevenant sombre.

Oui, oui, je les ai vus...

CATHERINE.

Que t'ont-ils dit? M. Beckmann, que te voulait-il?

ARY.

Ce qu'il voulait?... Tu sauras tout, ma mère, tu entendras ma confession, je suis peut-être un mauvais fils!...

CATHERINE, radieuse.

Toi?... Je ne veux rien entendre : quoi que tu aies fait, c'est beau, c'est bien, je t'absous!

ARY.

Mais, ma mère...

CATHERINE.

Tu vois bien que j'ai deviné. On t'a proposé des choses honteuses, tu as refusé, tu as bien fait, tu es mon fils, je suis fière de toi; embrasse-moi!

ARY.

Oh! mère!... (Courte pause.) Mais qu'ai-je donc, moi? Que signifie cet éblouissement, ce vertige?

CATHERINE, inquiète.

Ary!

ARY, à part.

Ah! je comprends...

CATHERINE.

Mais, cher enfant, c'est le besoin...

ARY, vivement.

Non, non; je t'assure que non, ma mère.

CATHERINE.

Mais je t'assure que si, moi; la journée s'avance, et tu as oublié de déjeuner. Et la folle mère qui t'a laissé repartir sans te demander l'argent de la provision. C'est beau, une mère qui songe au déjeuner des passants, et qui oublie celui de son fils!... Mais je vais me dépêcher d'aller chercher tout ce qu'il faut... (Se préparant.) Car il n'y a rien ici, d'abord... que ces fleurs.

ARY, à part.

Quel supplice! comment lui avouer?...

CATHERINE.

Là! me voilà prête... Donne-moi seulement un florin, cela suffira pour la journée.

ARY, balbutiant.

Un... un... florin? Tu crois que ce sera... assez?

CATHERINE, qui le regardait.

Ah! mon Dieu!... Ary... tu n'as pas d'argent?

ARY, avec effort.

Non, ma mère... je n'ai pas pu en trouver, cette fois. Nous n'avons plus de ressources... c'est fini!... (Il tombe sur un siège, et cache son visage de ses deux mains.)

CATHERINE, stupéfaite.

Ah! mon pauvre enfant! mon pauvre enfant!... Et tu me laissais ignorer?... et tu n'arrêtais pas mes aumônes?... De sorte que moi, je... (Éclatant en sanglots.) Et, tout à l'heure, j'ai donné... (Entourant Ary de ses bras.) Oh! pardonne-moi!... pardonne-moi!

ARY, la couvrant de baisers.

Ne pleure pas, ne pleure pas, ma mère! (Karl entre précipitamment.)

SCÈNE XII.

LES MÊMES, KARL. Il est chargé de provisions.

KARL, entrant.

Victoire! noël! alleluia!

ARY ET CATHERINE.

Karl!

KARL.

Oui, un Karl, joyeux... jusqu'au délire! Mais d'abord, ma mère Catherine, voici le pâté de poisson remarqué hier, rue du Soleil; c'est pour vous cela, gourmande respectable... et... adorée! et aussi ce vieux vin-là, accompagné de diverses friandises... Pour le vénérable docteur, j'ai un papier. (A Ary.) Tiens! c'est là quittance du bureau des taxes, (Frappant sur ses poches.) et nous avons encore dix florins.

CATHERINE ET KARL.

Ah! Karl!... mon ami!... mon enfant!

KARL.

Eh bien! quoi donc? Vous avez tous deux des larmes dans les yeux! Ah! quelle famille extraordinaire!

ARY.

Tu as été chez ton père?

KARL, un instant sérieux.

Oui. Ary, je t'aime bien... J'ai été chez mon père; mais il était absent, mon père, ma sœur aussi. (Revenant au ton gai.) Devinez-vous ce que j'ai fait, alors? Ah bien oui! je me suis dirigé vers la maison d'un certain banquier plein de caprices, avec qui je me suis colleté bien des fois autrefois, et qui se nomme *le Jeu.*

CATHERINE.

Oh!

KARL.

« Ah! brigand! disais-je en entrant, tu as fait assez de mal;

j'ai dans l'idée qu'aujourd'hui tu vas faire un peu de bien. »
Mon banquier s'est, ma foi! exécuté bravement, si bien que
j'ai couru au bureau des taxes.

ARY.

Tu me fais trembler...

KARL.

Parce que tu as peur que j'y retourne, chez mon banquier.
Il n'y a pas de danger; pour se venger, cette fois-là, il me
prendrait jusqu'à... Et la pudeur donc !

CATHERINE, tenant la quittance.

La Providence a ses détours.

KARL.

C'est ça, voilà ce qu'il faut se dire. (A Ary.) Ah çà ! maintenant, tu ne peux plus refuser de venir au *Taureau noir*...
Madame Kœrner, nous vous le renverrons de bonne heure.

CATHERINE.

Va, mon ami ; allez, mes enfants...

KARL.

Partons! à la taverne !

ARY.

A la taverne donc ! (A lui-même, pendant que Karl embrasse Catherine.) J'y trouverai peut-être une heure d'oubli. (Il embrasse sa
mère, et sort avec Karl. Pendant que Catherine les regarde s'éloigner, le rideau tombe.)

ACTE DEUXIÈME

Le pacte

A LA TAVERNE DU TAUREAU NOIR, DANS UNE ILE SUR L'ISAR

La partie de la taverne de maître Krapht qui descend jusqu'au bord de l'eau : à droite, au premier et au deuxième plans, la maison toute tapissée de plantes grimpantes, et élevée d'un seul étage, avec balcon de bois à jour; au-dessus de la porte, on lit cette inscription suspendue à une tringle en fer : GASTHAUS. — *Au Taureau noir.* — Au troisième plan, des bosquets qui vont se perdre dans la coulisse; au fond, des tonnelles, des tables, du feuillage, etc.; et le fleuve qui fuit derrière les contours de l'île, et qui, à gauche, vient baigner la rive sous les saules et à travers les roseaux; au troisième plan, du même côté, un des endroits où s'amarrent les bateaux qui amènent du monde au *Taureau noir.* Au delà du fleuve, les dernières maisons de Munich, et, plus loin encore, la campagne; sous les arbres, devant la taverne, une grande table entourée d'escabeaux. —Quand l'acte commence, le soleil se couche lentement au fond, derrière les collines qui entourent la ville.

SCÈNE PREMIÈRE.

(Au lever du rideau, la scène est vide. On entend, venant de la gauche, du côté du jardin, des voix de jeunes gens qui rient et qui chantent.)

BECKMANN, AGAR, puis LUTZ.

CHŒUR D'HAYDN.

O toi, grand Jupiter! du haut de l'empyrée,
Jette les yeux sur nous;
Rends nos amours heureux, notre pipe dorée,
Nos soirs profonds et doux !...

(Sur les dernières notes du chœur, on voit entrer Beckmann conduit par Agar, la servante du Taureau noir. Tous deux viennent de la droite.)

AGAR, amenant Beckmann.

Tenez, monsieur, vous serez ici à merveille, et tout vous semblera bon, (Avec coquetterie.) car je vous servirai moi-même.

BECKMANN, d'un ton bourru.

Tout me semblera bon si tout est bon. Écoute, toi : on m'a dit que la cuisine de maître Krapht était renommée pour le brochet au bleu, et j'en veux goûter. Qu'on y mette donc les soins... les plus religieux.

AGAR, riant.

Oh! si c'est cela, monsieur, je suis tranquille.

BECKMANN.

Qu'est-ce que ça veut dire ?

AGAR.

Eh bien, mais, ça veut dire que le brochet est tout prêt, et qu'il vous atten...

BECKMANN.

Oui ; et depuis combien de jours ?

AGAR.

Depuis tout à l'heure... Et avec ça ?

BECKMANN.

Pigeon de volière rôti.

AGAR.

Et avec ça ?

BECKMANN.

Avec cela... je verrai.

AGAR.

Et quel vin aura l'honneur de vous désaltérer ?

BECKMANN.

Je boirai du roussillon et... du constance.

AGAR.

Ces vins-là ?... Oh ! alors, monsieur, vous devez me trouver jolie ?

BECKMANN.

Et pourquoi donc ?

AGAR, sortant en riant.

Parce que vous avez bon goût.

BECKMANN.

Je te trouve effrontée, toi. (Revenant.) Ah ! je vais donc pouvoir faire un joli petit repas bien friand !... Voilà une belle soirée !... Ah ! il faut de ces moments-là pour faire oublier les vilaines choses de ce monde !... Cet insolent Ary Kœrner qui m'a refusé de... (Soupirant.) Ah ! j'aurais pourtant bien voulu trouver quelqu'un qui ne s'occupât que de ma chère santé.

AGAR, rentrant.

Monsieur, vous allez être servi.

BECKMANN.

C'est bien.

AGAR, dressant le couvert.

Dites donc, monsieur, je m'appelle Agar, moi.

BECKMANN.

Eh bien, après ?

AGAR, finement.

N'est-ce pas que vous voudriez bien me rencontrer dans le désert ?

BECKMANN.

Pourquoi me dis-tu cela ?

AGAR.

Ah ! parce qu'on me l'a dit tant de fois en entendant mon nom, que ça me semble drôle que vous ne me le disiez pas, et, alors, je vous le dis moi-même.

BECKMANN, après un temps.

Écoute, toi ! J'avais ce soir une invitation ; mais il aurait fallu parler, être aimable avec les femmes, et je n'aurais pu déguster rien. J'ai refusé. Tu comprends que...

AGAR.

Il faut que je me taise?

BECKMANN.

Oui.

AGAR.

Je ne pourrais pas, monsieur; j'aime mieux m'en aller.

BECKMANN.

Eh bien, c'est ça, va-t'en. (Agar se dispose à s'éloigner; Beckmann s'installe voluptueusement.)

BECKMANN, mettant sa serviette.

Ah! qu'on est bien ainsi!... Seul! tout seul! (Il se frotte les mains avec satisfaction. Lutz entre bruyamment; il est très-débraillé, et semble quelque peu animé.)

LUTZ, criant.

Eh! Krapht!... Agar!... holà!

BECKMANN, à part.

Quelqu'un!... Ah! quelle contrariété!...

AGAR, qui avait disparu, revenant.

Voilà!... (A part.) Ah! notre bonne pratique, monsieur Lutz! Si j'avais su...

LUTZ.

Bonjour, ma jolie fille!... J'ai une faim à tout manger!... (Il veut l'embrasser.)

AGAR, se dégageant.

Mes couleurs n'en sont pas.

LUTZ.

Alors, sers-moi vite autre chose.

AGAR, sans bouger.

Impossible, monsieur, votre crédit a été enterré aujourd'hui.

LUTZ.

Tu plaisantes : je n'ai pas reçu de billet de faire part.

AGAR.

J'étais chargée de vous le remettre, monsieur; le voici. (Elle lui donne une note.)

LUTZ, qui a jeté les yeux dessus.

Qu'est-ce que c'est?... (A part.) Ma note! (Haut.) Quarante-huit florins! et mon crédit est mort pour cela! Il était donc poitrinaire!

AGAR.

Je ne sais pas, monsieur; tout ce que je puis vous dire, c'est que maître Krapht trouve que vous lui devez...

LUTZ, criant.

Assez!

AGAR.

Oui, monsieur, que vous lui devez assez!

LUTZ.

Maître Krapht est un drôle que je ferai mourir sous le bâton... (S'approchant de Beckmann.) Comprenez-vous une semblable impertinence, monsieur?... me refuser un crédit illimité?... à moi, maître Lutz, le plus grand compositeur inédit de l'Allemagne, le petit-cousin du comte de Stramberg?...

BECKMANN, à part.

Maître Lutz!... ce panier percé, ce pilier de cabarets, dont m'a parlé souvent le comte, avec la rougeur sur le front! Je vais souper ailleurs. (Il va se lever. Lutz l'arrête.)

LUTZ.

Qu'est-ce, monsieur?... Est-ce donc moi qui vous chasse?

BECKMANN, embarrassé.

Excusez-moi, monsieur; mais une indisposition subite...

LUTZ, provoquant.

Vous n'avez pourtant point la mine d'un homme indisposé! Ne serait-ce pas plutôt que ma présence vous déplaît? Vous désiriez peut-être vous trouver seul?. . Peut-être souhaiteriez-vous que je me retirasse?

BECKMANN, de mauvaise grâce.

Monsieur... cet endroit est public... et j'aurais mauvaise grâce à...

LUTZ.

A la bonne heure! et je vois bien que j'ai affaire à un galant homme, nous devons donc nous entendre; et pardieu!... (Regardant ce que l'on a servi à Beckmann.) Voici qui prouve qu'il y a véritablement de la sympathie entre nous.

BECKMANN.

Comment cela?

LUTZ.

Oh! c'est vraiment étrange! Vous avez justement commandé là ce que je me proposais de commander pour moi-même.

BECKMANN, de mauvaise humeur.

Extrêmement flatté, je vous jure!...

LUTZ.

C'est à croire que vous connaissez mes goûts, et que vous m'attendiez.

BECKMANN.

Il n'en est rien pourtant.

LUTZ.

Il n'importe! et je n'en suis pas moins ravi de cette rencontre... car j'aime à manger en compagnie. (A Agar.) Un couvert! (Il s'asseoit.)

BECKMANN, à part.

Comment! il s'attable?

AGAR, à elle-même, sortant en riant.

Et lui qui voulait être seul! Ah! c'est bien fait!

LUTZ, servant.

Un peu de ce brochet? Il me paraît excellent.

BECKMANN, à part.

Mais il va me manger mon souper !

LUTZ, mangeant.

Tel que vous me voyez, monsieur, je me suis assis bien souvent à la table des landgraves et des margraves; eh bien, je n'en suis pas plus fier pour cela; tenez, à votre santé !

BECKMANN, à part.

L'impertinent !

LUTZ, mangeant.

Ne seriez-vous point, par hasard, directeur de quelque théâtre?

BECKMANN, avec humeur.

Moi? Non, non, monsieur.

LUTZ.

Tant pis pour vous, monsieur, car j'avais votre fortune en portefeuille : une partition des plus remarquables sortie toute orchestrée d'ici et de là. (Il se frappe le front.) A propos, monsieur, êtes-vous marié ?

BECKMANN.

Marié ! moi ? Eh ! non, monsieur.

LUTZ.

Vous m'étonnez!... Vous êtes donc rebelle à l'amour?

BECKMANN.

Moi ? mais non, monsieur, au contraire !

LUTZ.

Je le veux croire. . Mais alors, que ne vous mariez-vous? D'abord, monsieur, à votre âge, il n'est point prudent de vivre seul.

BECKMANN, après un mouvement.

Eh! monsieur, j'avais fait déjà ce raisonnement, et j'avais même voulu attirer chez moi un mien neveu qui...

LUTZ.

Un neveu, si tendre qu'il soit, ne remplacera jamais une femme, monsieur!... Mariez-vous donc, croyez-moi, et vous m'en direz des nouvelles... J'en irai chercher, d'ailleurs... Mon jeudi est libre, je vous le donne...

BECKMANN, préoccupé.

Monsieur, certainement que...

LUTZ, mangeant.

Je dîne habituellement à trois heures...

BECKMANN, qui rêve depuis un instant.

Oui, au fait... il a raison : il vient un âge où... Et, dame, en choisissant bien... Je serais choyé... dorloté... à mes souhaits, et... (Avec méchanceté.) et je me vengerais de monsieur mon neveu, en le déshéritant... Ah!...(Avec complaisance.)Ce serait charmant!... Et ce goinfre... ce sacripant, m'a donné là une excellente idée... Je ne regrette plus mon brochet !

LUTZ, qui a fini les plats et les bouteilles, se levant.

Vous traitez admirablement, monsieur, et je prétends vous

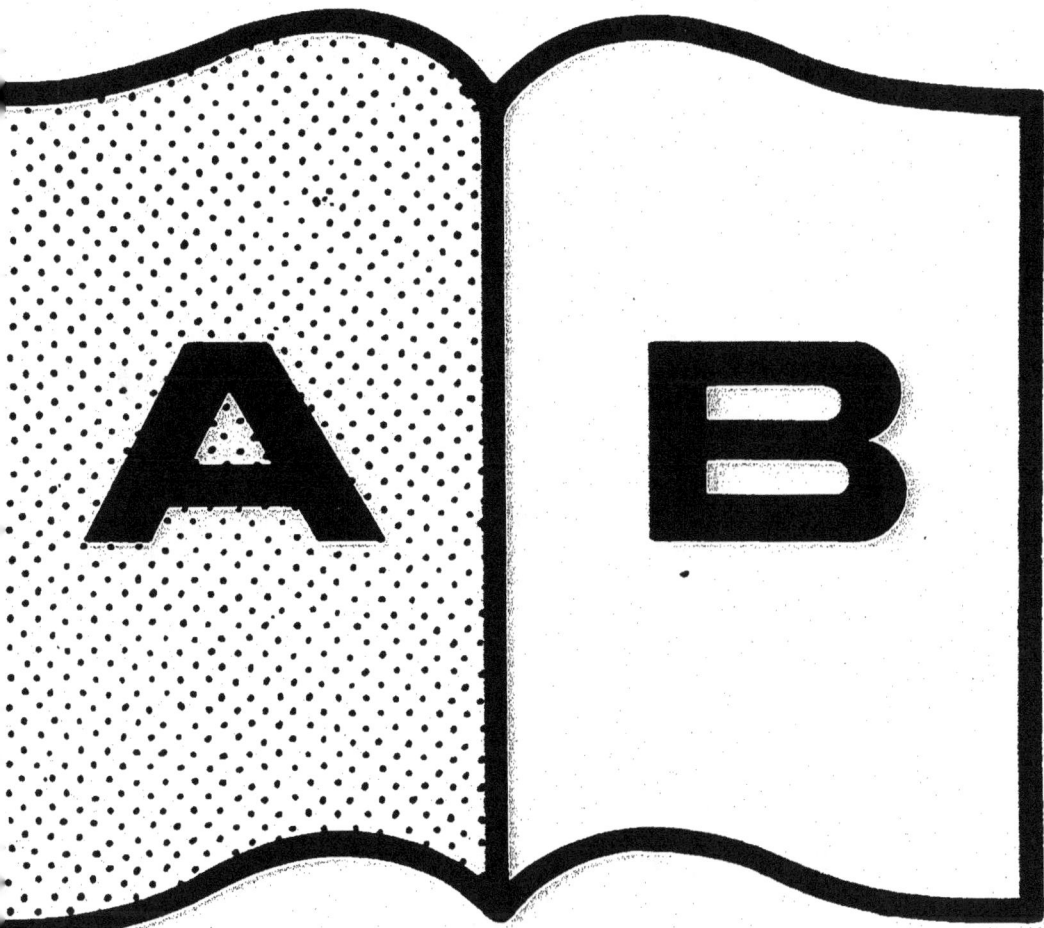

Contraste insuffisant

NF Z 43-120-14

rendre votre gala au premier jour, c'est-à-dire dès que je
serai en possession de ma part d'héritage... (Avec l'expansion de
l'ivresse.) Ce qui, entre nous, ne peut tarder... car le cher
comte décline beaucoup, à ce qu'il paraît... Il faudra même
que, bientôt, je lui fasse visite, à mon cousin... Ah! c'est que
vous ne savez pas?... Depuis longtemps nous vivons sépa-
rés... d'amitié... Incompatibilité d'humeur! Mais il ne peut,
après tout, me garder rancune de quelques peccadilles; car
lui-même, jadis, a fait bon nombre de folies... une entre
autres. Ah! celle-là, je ne la lui pardonne point, attendu
qu'elle nous enlève, à ce qu'il paraît, vingt-cinq mille florins!

BECKMANN, étonné.

Hein?

LUTZ.

Je voudrais bien connaître, par parenthèse, l'homme au
profit duquel il a souscrit cette promesse ridicule!... C'est un
nommé... Beckmann, je crois. Ah! si jamais je le rencontre...
il n'héritera pas de notre bien, je vous le jure!... A votre
santé!...

BECKMANN, tremblant.

Trop... trop honnête... mais... il se fait tard, et j'ai hâte
de regagner mon logis...

LUTZ.

Je vous accompagne, pardieu!...

BECKMANN.

Merci, monsieur, mais je...

LUTZ.

Vous ne pouvez me refuser... d'autant que j'ai négligé de
prendre chez moi quelque monnaie, et que je serais fort en
peine de payer le batelier pour...

BECKMANN, à part.

Au diable l'animal!... (Haut.) Partons donc, alors. (A part.) Je
tremble que quelqu'un ne vienne par hasard à prononcer
mon nom devant ce sacripant, car... (Il a jeté les yeux vers la
gauche. — A part.) Ah! grand Dieu!... voici justement là-bas,
et se dirigeant de ce côté, une barque qui porte le comte de
Stramberg et le baron de Lambech... (Haut.) Venez vite, monsieur Lutz, venez. Nous partirons par l'autre côté, c'est plus
court.

LUTZ.

Vous ne payez pas?

BECKMANN.

Je payerai dans la maison.

LUTZ.

Eh bien, alors, payez donc ma note avec la vôtre. (Il la lui
donne.)

BECKMANN.

Mais...

LUTZ, avec sentiment.

Ah! c'est une preuve d'amitié que je ne donnerais pas à tout le monde.

BECKMANN.

Très-flatté. (A part.) Si la barque pouvait sombrer!... Ah! mais non! et moi!... Partons!

LUTZ, titubant quelque peu.

Partons, cher ami... (Au moment de sortir.) A propos, je vous appelle cher ami, moi, et j'ai oublié de te demander ton nom. (Il disparaît entraîné par Beckmann. — En ce moment, aborde une barque portant le comte de Stramberg et sa compagnie.)

SCÈNE II.

LE COMTE DE STRAMBERG, LE BARON DE LAMBECH, RANSPACH, un livre à la main, MARGUERITE, un BATELIER.

(Tous débarquent et descendent en scène. — Le baron reste le dernier.)

LE BARON, au batelier, en lui donnant une pièce de monnaie.

Tiens, prends, l'ami, et prie pour moi.

LE BATELIER, refusant.

Mais, monsieur, je ne suis pas un pauvre, moi.

LE BARON.

Est-ce à dire qu'il n'y ait que les pauvres qui prient? (Il remet son argent dans sa poche.) Cet homme n'a pas de religion!

LE COMTE, qui, à son entrée, s'est dirigé avec Marguerite du côté où résonnait le chœur au lever du rideau.

Je n'aperçois pas Karl au milieu de ces jeunes gens, on m'a pourtant assuré... Il n'est pas encore arrivé, sans doute. Attendons.

MARGUERITE.

Oh! qu'il me tarde de le revoir!... (Moment de silence.) La belle journée!... et... (Avec intention.) Que j'eusse été heureuse seule avec vous, mon père... et avec Karl.

LE COMTE.

Toujours ces préventions contre le baron de Lambech? Tu sais bien, cependant, que cela m'afflige.

MARGUERITE, à voix basse.

Pardonnez-moi donc, mon père! mais, je vous le jure, jamais je ne pourrai l'aimer... il me fait peur!

LE COMTE.

Enfant!

MARGUERITE.

Mais, mon père, pourquoi tenez-vous tant à ce mariage?

LE COMTE, troublé.

Mais, Marguerite, je te l'ai dit bien souvent, parce que... je suis... engagé d'honneur, parce que... j'ai promis.

MARGUERITE, timidement.

Mais... pourquoi avez-vous promis, mon père?

LE COMTE.

Ah! Marguerite !

MARGUERITE, tendrement.

Eh bien, non, non, je ne dirai plus rien, mon père!... Votre
cœur, j'en suis sûre... parlera pour moi.

LE COMTE, à part.

Oh! qu'elle me fait de mal! (Il tombe dans une profonde rêverie.)

LE BARON, s'approchant de Ranspach, qui, depuis leur arrivée, a paru absorbé
par le livre qu'il lit.

Eh bien, docteur, trouvez-vous quelque remède à votre maladie dans ce grimoire?

RANSPACH, avec humeur.

Eh! monsieur le baron! encore une fois, je vous répète
que je n'ai aucun mal.

LE BARON.

En êtes-vous bien sûr!... Ah! dame, vous vous êtes si souvent trompé, en votre qualité de médecin...

RANSPACH.

Toujours cette même plaisanterie.

LE BARON.

Renouvelée de Molière, qui vous avait devinés... messieurs!
Mais, j'y songe, c'est peut-être imprudent à vous de vous
soigner vous-même... Croyez-moi, consultez un médecin...
le docteur Kœrner, par exemple.

RANSPACH.

Une dernière fois, je me porte bien, vous dis-je! Cet
homme-là a le diable au corps! (Il reprend son livre pour se débar-
rasser du baron.)

LE BARON, lui donnant une tape dessus.

Laissez donc cela, vous n'y comprenez rien, c'est un livre
de médecine...

RANSPACH, avec colère.

Eh! monsieur le baron!...

LE BARON.

Ah! que voulez-vous? Il faut bien que je me venge sur
quelqu'un des froideurs et même des dédains de la belle
Marguerite... Et, dites donc, au fait, est-ce qu'il vous semble
que ma jolie fiancée m'aime beaucoup, hein?

RANSPACH, avec doute.

Mais, s'il faut vous dire la vérité...

LE BARON.

Ah! permettez!... Il faut me dire la vérité, si cette vérité
peut m'être agréable à entendre, sinon...

RANSPACH, à part.

Ah! je tiens donc enfin le défaut de la cuirasse. (Haut.) Eh
bien, croyez-moi, n'épousez pas mademoiselle Marguerite.
Prenez-y garde, mon cher, car, entre nous...

LE BARON.

Entre nous, si vous dites un mot de plus, je vous passe tout bêtement mon épée au travers du corps...

RANSPACH, effrayé.

Comment?

LE BARON.

Pour le principe; attendu que la fiancée de monsieur le baron de Lambech ne doit pas même être soupçonnée!

RANSPACH.

Eh! après tout, monsieur le baron, mariez-vous si vous le voulez, que m'importe!

LE BARON.

C'est comme moi : ne vous soignez pas, et mourez, ça m'est bien égal.

RANSPACH, éclatant.

Tenez, monsieur le baron, voulez-vous que je vous dise?... vous êtes très-ennuyeux!

LE BARON, riant.

Ah! franchement, vous auriez bien dû garder cela pour vous. (Sérieusement.) Savez-vous, mon cher, que vous êtes très-impertinent?

RANSPACH.

Ah! voilà! vous avez tout de suite les grands mots.

LE BARON, riant.

Et vous, vous n'avez pas les grands remèdes.

RANSPACH, à part.

Cet homme est insupportable! (Il lui tourne le dos.)

MARGUERITE, qui était remontée au fond, revenant.

Ah! mon père, j'aperçois Karl là-bas. Il vient d'arriver avec un jeune homme, un de ses amis, sans doute.

LE COMTE.

Bien; je vais faire prévenir Karl. Justement, voici quelqu'un.

SCÈNE III.

LES MÊMES, AGAR.

AGAR.

Salut à votre compagnie, mademoiselle, messieurs! Que puis-je pour votre service?

LE COMTE.

Ma belle enfant, vous nous ferez monter tout à l'heure quelques rafraîchissements; mais...

AGAR.

Là-haut, monsieur? Tenez, la vue est superbe! et puis...

LE COMTE, l'interrompant.

Bon! bon!... mais auparavant... (Il la prend à l'écart, et lui parle bas.)

MARGUERITE, qui regarde à droite.

Oui, ce doit être Ary Kœrner... l'ami de mon frère.

AGAR, au comte.

Monsieur Karl, c'est ce jeune homme qui vient de monter dans un arbre pour faire un sermon aux autres?... (Rires et applaudissements hors la scène.)

LE COMTE.

Oui, c'est lui-même... allez lui dire que... que sa sœur le demande.

AGAR.

Bien, monsieur, j'y vais. (Elle sort en courant.)

LE COMTE, à Marguerite.

Mon enfant, va m'attendre là-haut... Messieurs, excusez-moi, je suis à vous tout à l'heure.

LE BARON.

Mademoiselle Marguerite, daignez-vous accorder votre bras à qui n'a pu de vous obtenir un sourire?

MARGUERITE, sans répondre, passant son bras, après un peu d'hésitation, sous celui du baron.

Ne tardez pas, mon père, et tâchez de ne pas revenir seul.

LE COMTE.

Je tâcherai. (Il l'embrasse.)

LE BARON, à Ranspach.

Eh bien, docteur, venez-vous?

RANSPACH.

Oui, me voilà. (A part.) C'est drôle, mais... je ne sais ce que j'ai; enfin... je ne me sens pas bien... (S'éloignant.) Maudit baron ! que le diable l'emporte ! (Tous trois entrent dans l'auberge.)

SCÈNE IV.

LE COMTE, puis KARL.

LE COMTE, seul.

Le cœur me bat à l'idée que je vais revoir mon Karl, mon fils...

KARL, entrant, à part.

Ma sœur qui me demande... que signifie?... (S'arrêtant brusquement à la vue du comte.) Mon père !

LE COMTE.

Oui, Karl, ton père, qui savait que tu étais ici, et qui y est venu exprès pour te voir... N'as-tu rien à lui dire, toi?

KARL, se jetant dans ses bras.

Oh! si, mon père! (Il l'embrasse.)

LE COMTE, à lui-même.

Marguerite avait raison, voilà une belle journée ! (Serrant Karl sur son cœur.) Une belle soirée surtout !

KARL.

Mon père ! mon bon et noble père! quelle joie vous m'apportez !

LE COMTE, s'asseyant.

Viens là, près de moi, mon enfant.

KARL, refusant.

Pardon, mon père; mais vous avez à me parler : je veux vous écouter debout.

LE COMTE.

Je n'ai que peu de choses à te dire, Karl; c'est mon cœur qui te le dira, que ce soit le tien qui les écoute!... Tu as semblé, parfois, douter de mon amour pour toi? Tu te trompais, Karl, et ton erreur était pour moi une peine profonde... Mais, comprends-moi : j'ai été, comme toi, jeune et ardent; j'ai fait, comme toi, des folies... (A part.) et plus encore que des folies, mon Dieu! (Haut.) Je craignais pour toi les entraînements de la jeunesse; car, une fois sur une... certaine pente, qui peut savoir... (Avec un frémissement.) où l'on s'arrêtera?... (Se remettant.) Je résolus donc de t'arracher à tout prix à ces entraînements; mais, pour arriver à mon but, je fus trop sévère, peut-être... Je viens donc te dire aujourd'hui : Karl, j'ai résolu de t'accorder autant de liberté que tu voudras en avoir; mais reviens habiter avec nous!... Ne laisse pas ta sœur grandir loin de la protection qui doit bientôt, peut-être, remplacer la mienne; ne laisse pas ton père vieillir davantage sans toi.

KARL, attendri.

Ah! mon père! vous ne me demandez que ce que je désire le plus... Ce soir même, je dormirai sous votre toit, et, demain, je vous servirai à la table de famille... Mais... si vous le permettez, mon père, un mot encore.

LE COMTE.

Parle, mon enfant.

KARL.

Vous nous aimez, Marguerite et moi, je le vois bien, je le sens mieux encore, et rien n'est profond comme notre amour pour vous, si ce n'est notre vénération ; eh bien, il semble que notre amour ne suffise pas à votre cœur : malgré la répulsion éprouvée par ma sœur et... par moi, vous persistez à recevoir, et depuis longtemps, un homme que vous ne pouvez aimer : le baron de Lambech. Eh bien, promettez-moi, mon père, que je ne le retrouverai plus auprès de vous...

LE COMTE.

Est-ce une condition à votre retour, Karl? (Silence de Karl.) Votre silence dit-il que c'est là votre condition? Je n'en fais pas, moi, monsieur, je ne veux pas que l'on m'en fasse!

KARL.

Non, non !... Ne traduisez pas ainsi mon désir, ma prière!... Mais... cet homme vous a demandé la main de ma sœur; il se vante de l'avoir obtenue; eh bien... dites-moi que ce bruit est menteur; promettez-moi que M. de Lambech ne sera jamais l'époux de Marguerite.

LE COMTE, abattu.

Je ne puis promettre cela.

KARL.

Vous ne pouvez?... Ah! je vous en prie, mon père, rélléchissez!... Songez au sort de Marguerite, et ne dites pas qu'elle sera la femme de cet homme! Allons, faites-moi cette promesse, mon bon, mon bien-aimé père!...

LE COMTE, de même.

Karl, je ne puis.

KARL, avec force.

Je ne puis, moi, assister à l'immolation de Marguerite!... Je ne puis voir cela et rester impassible!... Non, non, je ne le verrai pas!

LE COMTE.

C'est donc une condition, cette fois?

KARL.

Eh bien, oui, mon père! Je puis sacrifier mes répulsions, mais non le bonheur de ma sœur; et, si un tel mariage se fait, ce bonheur est perdu. Encore une fois, mon père, je vous en conjure, au nom du bonheur de vos deux enfants! car l'un ne peut être malheureux sans que l'autre en souffre, abandonnez l'idée de ce mariage!...

LE COMTE.

Impossible!...

KARL.

Alors, ne me demandez pas d'être, par ma présence, complice d'un sacrifice odieux!

LE COMTE.

Pas un mot de plus, monsieur! Vous en êtes à l'injure. Voulez-vous ou non revenir vivre auprès de moi?

KARL.

Voulez-vous, mon père, laisser Marguerite libre de sa main?

LE COMTE.

Pas de conditions, vous dis-je! Il faut que ce mariage se fasse. Résignez-vous-y donc comme moi.

KARL.

A mon tour, mon père, de vous dire : Impossible!

LE COMTE.

Il suffit... Adieu!... (Il sort très-agité.)

KARL, suppliant.

Mon père!... (Tombant assis.) O mon Dieu! mon Dieu!

SCÈNE V.

KARL, ARY KOERNER, GARDEN, RANDAL, SHEBEL, QUELQUES JEUNES GENS, les uns tenant leur verre en main, les autres fumant; AGAR, allant et venant; puis, plus tard, MARGUERITE, sur le balcon; et, enfin, RANSPACH.

ARY, à ceux qui entrent après lui.

Ah! pour Dieu, messieurs, laissez-moi boire! Après m'avoir

mis en train malgré moi, vous ne voudrez pas me laisser mourir de soif, je pense! (Apercevant Karl.) Ah! te voilà, toi! Que faisais-tu donc seul ici? Eh! mais... ton air est tout bizarre! Qu'as-tu?

KARL, secouant ses pensées.

J'ai soif!

ARY.

A la bonne heure!... Eh! la fille!... apportez ici beaucoup de verres et toutes vos bouteilles!...

GARDEN.

Ah! plus tard... Il s'agit, d'abord, pour suivre le programme, d'aller faire une promenade sur le fleuve avant le souper...

SHEDEL.

Oui, et nous chanterons en chœur quelque refrain de la vieille Allemagne : sur l'eau, et à l'heure des étoiles, ça fait toujours très-bien!

ARY, se versant.

Moi, j'aime mieux la chanson du vin dans les bouteilles!... A votre santé!

GARDEN, riant.

Mais, en vérité, je ne te reconnais pas!

ARY.

Moi non plus, je ne me reconnais pas, et j'en suis bien aise!

SHEDEL, riant.

Quel drôle de corps tu es, Ary!

ARY.

Mais oui, je te remercie... J'ai même dans l'idée que je n'aurai pas l'ivresse du premier venu... (Riant.) Et, parbleu! il serait même à propos que l'un de vous conservât une once de raison, afin de pouvoir me dire demain comment je suis lorsque j'ai cessé d'être. Hé! là-bas, comment êtes-vous, vous autres, dans ces moments-là?

SHEDEL.

Dans ces moments-là, Garden est querelleur, Karl est fou, Max est philosophe, Randal est abruti, et moi...

GARDEN.

Tu es comme Randal, puisque une fois ivre tu deviens amoureux!

ARY.

Eh bien, moi, je gage que je serai tout cela à la fois.

GARDEN.

Pas amoureux, au moins... Vois-tu, Ary, il ne faut être amoureux que lorsqu'on éprouve absolument le besoin d'être trompé... (Prêchant.) Partout où va la femme, mes frères, la tromperie la suit; c'est son ombre, même quand il n'y a pas de soleil.

SHEBEL.

En fait d'amour, es-tu bien sûr, au moins, de parler de ce que tu connais? Tu es encore bien jeune...

GARDEN.

Eh! crois-tu donc que j'aurais attendu la vieillesse pour aimer? Je me suis dépêché, au contraire... Tiens, mon infidèle, c'était une Française, et une Parisienne encore!...

SHEBEL, riant.

Tu m'en diras tant!

GARDEN.

Aussi, j'avais été longtemps sans me décider à placer ma vie sur ce cœur-là; enfin, la confiance est venue...

SHEBEL.

Et alors?

GARDEN, riant.

Alors la femme est partie... Du reste, je m'en suis bien vengé depuis... sur d'autres!

KARL, avec un soupir.

C'est pourtant l'histoire de mes dix-huit ans, qu'il raconte là, à la nationalité près, cependant, et aussi avec cette différence, que je n'ai point songé à me venger sur d'autres, et que j'ai voulu mourir!...

RANDAL, riant.

Bien obligé!

MARGUERITE, au balcon.

Mais c'est la voix de mon frère! Oh! que je le voie, au moins, si je ne puis l'embrasser!

GARDEN.

Ah çà! mais, quelle était donc cette femme-là?

KARL, passant la main sur ses yeux.

C'était... Eh! parbleu! c'était... la fille de sa mère!

GARDEN.

Merci!

ARY, à Karl.

Pourquoi l'attristes-tu? Au moins, tu as aimé, toi! Et, ne fût-ce qu'un jour, ne fût-ce qu'une heure, on t'a aimé, mon Karl! Tu as pu savourer le radieux instant où l'espoir se réalise; tandis que moi, qui cachais dans mon âme des mondes de tendresse, j'ai dû m'interdire l'amour, l'espoir, le rêve même, et j'ai réussi dans ce suicide, et c'est tant mieux! et je dois en remercier Dieu comme d'un bienfait! Qu'aurais-je offert, moi, à l'adorée de mon âme? Mon âme! Qu'est-ce que c'est que cela? (Riant d'un rire nerveux.) Ah! ah! ah!

KARL, avec tristesse.

Ary!

MARGUERITE, avec un mouvement.

Ary! Ary Kœrner!... C'est lui!... Oh! qu'il a dû souffrir pour parler ainsi!

KARL, à Ary.

Je t'en prie, mon ami, ne bois plus!

ARY.

Et pourquoi? S'il est vrai que tous les bonheurs tiennent dans un verre, pourquoi m'empêcher de boire? De l'ivresse naît l'espérance; moi qui n'espère plus, laisse-moi boire. Ah! je ne suis pas ivre encore, va; car on oublie en buvant, et je me souviens toujours! (Marguerite est au-dessus de Karl et d'Ary. Ils ne peuvent la voir; elle se penche pour écouter.) Je me souviens qu'il y a là-bas, rue du Chemin-Rouge, une pauvre vieille femme qui, bientôt, sera sans asile...

MARGUERITE, à part.

Que dit-il?

ARY, continuant.

Qui a dîné encore aujourd'hui, et qui demain, peut-être... (Avec douleur.) Oh! ma mère! ma mère!

KARL, ému.

Mon ami!

MARGUERITE, toujours penchée sur Ary et sur Karl.

Oh! pauvre Ary! pauvre Ary!

ARY, relevant la tête.

Qui donc a prononcé mon nom?

MARGUERITE.

Oh! qu'il ne me voie pas! (Elle disparaît.)

ARY.

On a dit: Pauvre Ary!... (Souriant tristement.) C'est mon bon ange, peut-être... mon bon ange que j'afflige là-haut, comme je vous afflige vous-mêmes! (S'efforçant de reprendre sa gaieté.) Allons! c'est fini, c'est fini, je veux être gai!... (Prenant son verre.) Tonnerre! combien de verres de genièvre coûte donc un éclat de rire? Mais, parbleu! j'ai juré que je serais ivre ce soir, et je le serai! Aidez-moi, vous autres! Tenez, tandis que je viderai un verre, vous m'en remplirez un autre; comme ça, ça ira plus vite.

GARDEN, riant.

Eh bien, après? quand tu seras gris tout à fait?

ARY, buvant.

Eh bien, je serai au septième ciel, imbécile, puisque enfin j'aurai oublié la terre.

GARDEN, s'emportant.

C'est possible que... Mais ne m'appelle plus imbécile, toujours. Je suis querelleur, moi, quand j'ai bu, on te l'a dit, et...

TOUS.

Garden!

RANSPACH, sortant de la maison.

Décidément, je ne me sens pas bien, et je crois que ce damné baron a réussi à... Je vais me mettre au lit. (En remontant, il rencontre Ary, et tourne brusquement à droite pour l'éviter.)

ARY, le reconnaissant.

Ranspach ici! ici même! (Avec colère.) Ah! il est dit que je ne pourrai pas oublier!

GARDEN, que les autres voulaient calmer.

Ah! mais c'est que, depuis que j'ai renoncé à la médecine, je porte une épée au côté, moi!

KARL, s'échauffant.

Quand tu y porterais l'arsenal, au côté, je n'entends pas que tu parles ainsi à Ary Kœrner.

TOUS.

Karl a raison! (Ary, qui a suivi Ranspach du regard, redescend avec colère.)

ARY, avec une fièvre qui va croissant.

Non, messieurs, c'est Garden qui a raison! Laissez-le dire : il a raison, puisqu'il porte une épée. Oui, Garden, bien dit, mon fils! L'épée en main et non la plume. L'épée en main, et l'on gagne une épaulette ou une tombe glorieuse! L'épée en main, et cela en fait luire d'autres, et si, dans l'é-clair de la sienne, on sait les entraîner, on donne des lois au monde. Mais avec une plume, à quoi arrive-t-on? A pâlir, dans l'obscurité, sur un labeur ingrat qui ne vous payera qu'en cheveux blancs et en misère vos belles années consu-mées dans les veilles! Oui, oui, Garden, tu as raison! L'arme qui tue vaut mieux que la science qui sauve!... Aussi je veux faire comme toi : dès demain, Garden, l'épée en main! et nous nous en irons tous les deux par les rues de Munich en criant : « Holà! toi, holà! vous tous qui vouliez que je vous guérisse, venez que je vous tue! » Mais venez aussi, vous, tous les égoïstes, tous les imposteurs!... tous les Beckmann et tous les Ranspach de la Bavière; venez que je vous perce, non le cœur (vous n'en avez pas), mais la cassette qui vous en tient lieu, et je pourrai ensuite jeter à la face des idiots qui ont cru à vous tout l'or que vous leur avez volé!

VOIX DIVERSES.

Bravo! bravo!

GARDEN.

Te voilà content, tu es à moitié ivre.

ARY, très-fiévreux.

Mais oui, mais oui, je crois que ça vient. Ma raison com-mence à chanceler, et je divague déjà très-convenablement. Ah! décidément, c'est une bonne chose que l'ivresse! Et penser qu'il y a encore de pauvres gens pour qui c'est un crime de boire!... Les malheureux!... En entrant dans la vie, ils ont reçu un petit programme tout fait!... Ils l'ont suivi depuis le berceau, ils le suivront jusqu'au tombeau. Sur ce programme-là, il y a une heure pour manger, une heure pour dormir, une heure pour aimer, et, passé cette heure-là, le portier n'ouvre plus... (Éclatant de rire.) Ah! ah! ah! enfin, je suis ivre, tout à fait ivre, car je ne pense plus... je ne pense plus. (Il tombe à demi endormi sur la table, la tête dans ses deux mains.)

RANDAL.

Ah! ce pauvre Ary! nous qui croyions lui donner une fête!

SHEBEL.

Un peu de repos va le remettre. Nous, pendant ce temps, allons faire notre promenade sur l'eau.

PLUSIEURS VOIX.

Allons! allons!

KARL.

Moi, je reste auprès d'Ary.

GARDEN.

Mais il n'a pas besoin de toi pour dormir. Tu vois bien qu'il dort déjà; à notre retour, il sera tout à fait remis pour souper gaiement avec nous. Viens donc!

KARL, après hésitation.

Allons!... (Les jeunes gens s'embarquent sur le chœur suivant.)

CHŒUR.

Adieu beau jour d'été!
Salut, nuit lumineuse,
Où la lune amoureuse
Verse avec volupté
Sa clarté langoureuse.
    Salut! ô nuit!
Reine au bandeau d'étoiles,
Voici l'heure où, sans voiles,
    Ta beauté luit!
        O nuit!

(Le chœur s'éloigne peu à peu, puis s'éteint au loin. La nuit est presque tout à fait venue.)

SCÈNE VI.

ARY, endormi, MARGUERITE.

MARGUERITE, sortant de la maison, avec précaution.

Mon père et le baron de Lambech sont là, (Montrant la droite.) attendant un batelier, j'ai donc bien cinq minutes à moi. Si je pouvais parler à Karl!... (Regardant autour d'elle.) Personne!... Ils sont partis!... Hélas! qui sait quand je reverrai mon frère à présent! (Apercevant Ary endormi.) Ah! serait-ce lui? (Elle s'est approchée.) Non. Eh! mais, je ne me trompe pas, c'est son ami, c'est Ary Kœrner!... (Elle se penche sur lui.) Comme il est pâle! Oh! il me semble voir le Génie souffrant sur son front fatigué; oui, tout, dans ses paroles, dit qu'il a bien souffert!.. Oh! Mais... a-t-il souffert seulement dans son amour de fils?..

ARY, rêvant.

Oh! comme je t'aime, toi!

MARGUERITE, à part.

Toi? Qui donc?

ARY, de même.

Comme je t'aime!... ma mère!

MARGUERITE, à part, avec un mouvement de joie.

Ah!... c'est sa mère! (Se rapprochant un peu.) Il a chaud
comme dans la fièvre, et cela peut être dangereux à l'heure
où la fraîcheur va venir avec la nuit. (Elle lui essuie doucement
le front avec son mouchoir, en disant :) Il ne le saura jamais. (Ary
s'éveille alors ; en passant la main sur son visage, ses doigts rencontrent
le mouchoir, le serrent et le gardent. Marguerite, effrayée, a fait un bond et
est passée à gauche.)

ARY.

Qu'est-ce donc?... Une femme? (L'admirant.) Oh! que vous
êtes belle!...

MARGUERITE, très-troublée.

Taisez-vous!... Laissez-moi!... pardonnez-moi!...

ARY, qui s'est levé.

Que vous êtes belle, mon Dieu!...

MARGUERITE, regardant au loin, à droite.

Ah! comment fuir!... (Elle se jette dans les arbres. Dans l'obscurité, Ary l'a bientôt perdue.) Ah! mon mouchoir!... (Elle a fait un
détour qui a dérouté Ary, et elle vient ramasser le mouchoir qu'il avait
laissé tomber. Ary, revenant, Marguerite l'évite de nouveau en se jetant
dans le fourré, et, de loin, comme lui envoyant un salut de la main :)
Adieu!... adieu!... (Elle disparaît.)

ARY, cherchant en vain autour de lui.

Ah ça! mais... j'ai donc la fièvre?... Cependant, il y avait
une femme... là... tout à l'heure, et maintenant... (En parlant
ainsi, il est descendu vers la rive ; tout à coup il s'arrête, et la lune, éclai-
rant son visage, on voit ses yeux dilatés regarder quelque chose au loin
avec une fixité étrange. Après un silence plein d'angoisses, il reprend.)
Ah! mais... décidément, suis-je bien éveillé?... et n'ai-je
pas encore les visions du rêve?... Qu'est-ce donc que je vois
à présent, qui s'avance vers moi du fond de l'horizon?...
C'était... un point blanc... comme une voile perdue, tout à
l'heure, c'est... comme une statue à présent!... Elle approche!... elle approche encore!... dans une barque noire,
sans voile et sans batelier!... La forme de statue est debout
à la proue, la tête haute!... l'œil fixe!... et, de ses bras
fermés, retenant sur son épaule un long manteau blanc!...
C'est funèbre!... et jamais je n'ai ressenti ce que je ressens
devant cette barque sombre et cette femme pâle qui avance,
qui avance toujours!... J'ai froid! La barque aborde, la statue s'anime!... Elle vient... elle vient vers moi! Oh! je sens
mes cheveux frémir jusque dans leurs racines!...

SCÈNE VII.

ARY, LA STATUE.

UNE VOIX DANS LES ARBRES.

Ary Kœrner!... (On entend sonner minuit.)

ARY, domptant ses terreurs.

Toi qui m'appelles, qui es-tu? (Voyant paraître la statue.) Qui donc êtes-vous?... (La statue porte une longue robe de lin, pareille à celle de Dante dans le tableau de Delacroix. Le bonnet ne fait qu'un avec le camail, de façon à cacher le cou et les cheveux en encadrant le visage. Dès que la statue a quitté la barque pour mettre le pied sur la rive, la barque s'enfonce et disparaît sous l'eau. Ary reprend, plus calme.) Parlez! qui êtes-vous? je ne vous connais pas.

LA STATUE.

Nous nous sommes rencontrés souvent, Ary Kœrner... mais c'est la première fois qu'il t'est donné de me voir.

ARY.

Je ne vous comprends pas... et, encore une fois, qui êtes-vous?...

LA STATUE.

Je suis l'Ange de la mort!...

ARY.

L'Ange de... (Riant.) Ah! ah! ah!... vous voulez dire l'Ange de la vie!... car vous êtes une femme!... Dites-moi votre nom?...

LA STATUE.

Tu viens de l'entendre.

ARY.

Ah! j'aurai mal entendu... Vous riez... lugubrement, madame, mais vous riez!... Tenez, vous êtes, je parie, quelque belle grande dame ennuyée, et vous voulez faire, d'une nuit d'été, une nuit de carnaval, avec un peu d'amour au bout, dans des voluptés neuves?... Oh!... en ce cas, madame, je ne suis point le joyeux cavalier qu'il faut à votre fantaisie; adieu donc, et bonne chance à vos amours d'une heure!... (Il prend la main de la statue et la porte à ses lèvres. La laissant retomber avec effroi.) Plus glacée que le marbre!... (Se rapprochant avec curiosité.) Voyons!... votre bouche est-elle de marbre aussi?... Oh! décidément, je rêve!...

LA STATUE.

Non!...

ARY.

Alors, j'ai donc bien entendu?... Il est donc vrai que tu m'as dit : Je suis l'Ange de la mort?

LA STATUE.

Oui.

ARY, essayant de sourire.

La mort!... Mais... si je vous croyais, mon heure serait donc venue?...

LA STATUE.

Non... Je le regrette peut-être!... mais... je n'ai pas plus le droit de trancher une existence que le droit de ne pas la trancher... (Levant les yeux au ciel.) J'obéis!...

ARY:

Que me veux-tu, alors?...

LA STATUE, sans répondre.

Ary Kœrner... tu es un grand médecin!... le vrai médecin!... Tu sais et tu devines!... ton œil voit clair dans l'être!...

ARY.

Que se passe-t-il donc en moi?... En t'écoutant, en te regardant... je crois aux miracles!...

LA STATUE.

Tu m'y as fait croire, moi, en me faisant reculer souvent!... (Mouvement d'Ary. La statue continuant.) Je sais bien que ceux-là que tu sauves, tu ne les rends pas immortels, et que je les retrouve toujours!... mais... ta science dérange l'ordre indiqué... Là où j'étais arrivée et où je te rencontre, il faut que je revienne plus tard; et... quand on a renouvelé tant de générations, quand on a moissonné à travers tant de batailles, on est fatigué, va!... Me comprends-tu?...

ARY.

Oui, oui, je... (Cherchant à secouer le charme qui s'est peu à peu emparé de lui.) Mais... encore une fois, c'est un rêve!... ou bien, c'est la folie qui s'est emparée de mon cerveau! et je veux!... (Comme cédant à une force invisible.) Mais, non... non... une puissance inconnue... suprême... se révèle dans ta voix, dans ton regard!... Tu m'attires... tu me fascines!... (Avec un frémissement.) Ah! j'ai senti comme le vent de ton aile sur mon visage!.. je ne doute plus!... je ne doute plus!... Mais, alors, pourquoi es-tu venue?... « Ma science dérange l'ordre indiqué... » as tu dit?... (La statue incline la tête.) Viendrais-tu donc offrir à ma science quelque pacte monstrueux?... me proposerais-tu d'abandonner ceux-là que je pourrais sauver?... (La statue dit oui.) Ah! j'ai donc bien compris!... Je refuse!... va-t'en!...

LA STATUE, doucement.

Pourquoi?...

ARY.

Parce que... rien n'est respectable et grand comme la vie, et que je suis son apôtre... Toi, tu es la mort, je te hais! tu me fais horreur!...

LA STATUE.

Enfant!... L'humanité est un champ: l'amour sème, Dieu moissonne! Moi, fière de ma tâche, je suis la faux!... Et... tu ne sais pas, toi, où va la récolte de Dieu!... (Lui montrant la voûte étoilée.) Vois-tu ces légions d'astres qui peuplent l'infini?... La vie que j'interromps sur ce globe où tu passes, recommence dans leur sein, pour être interrompue encore, et recommencer toujours!... «Horreur!» disais-tu! regarde-moi donc!... Va! je ne suis pas si effrayante qu'on le dit, et surtout, je ne suis pas méchante : ce sont les lâches qui me font croire mauvaise; ceux qui sont grands et bons ne me craignent pas. Tu le sais bien, Ary, tu as vu mourir ton père!...

ARY, avec étonnement.

C'est vrai! je l'ai vu mourir!... Mais... j'étais seul avec lui quand il est mort!...

LA STATUE.

Tu ne me voyais pas; mais il me voyait, lui!... Dans ses souffrances, il m'avait appelée, et j'étais venue; bientôt, il me souriait dans son dernier sommeil.

ARY.

Oui, oui.

LA STATUE.

C'est que, si je suis méconnue de ce côté de la tombe, on me bénit de l'autre côté. On croit donc bien peu à d'autres mondes, que je suis tant redoutée dans celui-ci? On chante la vie! mais la vie ne peut rien sans moi qui lui fais de la place; je suis la sœur de la nature, et je m'entends avec elle pour faire l'avenir au genre humain!

ARY, dans une sorte d'extase.

Oh! tu me parles comme mes insomnies m'ont parlé souvent!... (Avec effort.) Mais il n'importe! ce pacte odieux que tu voulais me proposer, je le repousse... Poursuis ton œuvre! je ne t'aiderai pas à l'accomplir... Je refuse!

LA STATUE.

C'est bien, luttons encore... Ta puissance finira avec ta vie; j'ai le temps d'attendre, moi... j'attendrai! (Après un temps.) Ah! il est courageux, à toi, de me refuser ce que je te demande, à moi qui pouvais, en échange, te donner tout ce que tu désires!... La gloire d'abord.

ARY.

Je refuse!...

LA STATUE.

La gloire et la fortune.

ARY.

Je refuse!...

LA STATUE.

La fortune et l'amour!

ARY, tressaillant.

L'amour!...

LA STATUE.

Oui, car cette jeune fille que tu as entrevue dans le délire de la fièvre, elle existe!... et si tu étais riche et puissant, elle pourrait être à toi, car elle t'aimerait! Elle t'aime!

ARY, avec feu.

Moi!... je serais aimé de!... (Avec force.) Je refuse!

LA STATUE.

Tu as encore ta mère? (Mouvement d'Ary.) Elle est bien vieille,
sa vieillesse l'épouvante!... Demain, peut-être, il lui faudra,
pour vivre, tendre aux passants ses mains tremblantes.

ARY, avec douleur.

Ma mère!...

LA STATUE.

Demain, peut-être, il lui faudra courber son front humilié devant un refus!... et alors... elle m'invoquera à son tour,
et je viendrai!... Et, cette fois, je m'appellerai la faim!..

ARY, avec un cri de douleur.

Ah! tais-toi!... tais-toi!... J'accepte!... Parle, parle vite!

LA STATUE, revenue au ton grave et calme.

Lorsqu'un malade devra succomber, ma présence t'en aver-
tira. Si alors mon bras s'appesantit sur lui, si mon doigt le
touche, si mon baiser le glace... laisse-moi faire.

ARY, à moitié fou.

Oui, oui... je te le jure!... je t'obéirai!... je l'abandonnerai!... (Avec effroi.) La faim!... ma mère!...

LA STATUE.

Ta mère sera mon otage!...

ARY, frissonnant.

Elle!

LA STATUE, continuant.

Il le faut! souviens-toi de notre pacte!... Adieu! j'emporte
ta parole, Ary Kœrner! (En disant ces derniers mots, la statue, qui s'é-
tait rapprochée du fleuve, a disparu peu à peu comme une vapeur.)

ARY, avec un cri.

Son otage!... ma mère!... Qu'a-t-elle dit?... Mais ce que
j'ai consenti là est infâme!... Arrête!... Écoute!... Reviens!...,
(Ary s'élance du côté où l'ombre a disparu. — Il n'y a plus rien de visible.
— Ary pousse un cri et tombe évanoui dans les roseaux de la rive.)

SCÈNE VIII.

ARY, évanoui; KARL, GARDEN, RANDAL, SHEBEL, LES
AUTRES ÉTUDIANTS, AGAR et DEUX GARÇONS.

(Sur la fin de la scène précédente, on a entendu au loin d'abord, puis, se
rapprochant peu à peu, le chœur de la scène V.

Adieu, beau jour d'été !
Salut! nuit lumineuse, etc.

(Puis les jeunes gens abordent dans l'île; quelques-uns portent des flambeaux allumés.)

GARDEN, criant.

Agar, sers-nous, et fais vite! (On dresse le couvert sous les arbres.)

KARL, appelant.

Ary!... Ary!... où es-tu donc?... (L'apercevant.) Ah! mon
Dieu!... il est évanoui!... Shebel! un peu d'eau!... (On le soulève.) Ary!... mon ami! mon frère!... ne m'entends-tu pas?...

ARY, revenant à lui.

Karl! c'est toi, mon Karl! Ah! je respire!

SHEBEL.

Souffres-tu?

ARY, comme sortant d'un rêve.

Non, non, merci!

SHEBEL.

Alors, à table!... docteur, le souper sera bon, et nous mourons de faim!... Ah! c'est que nous avons fait deux fois le tour de l'île, nous.

ARY, regardant le fleuve et d'une voix troublée.

Vous avez fait le tour de l'île? N'avez-vous pas rencontré une barque... noire, où une femme se tenait debout?... une barque sans voile et sans rameurs?.

KARL, étonné.

Une barque noire? sans voile et sans rameurs?

GARDEN, riant.

Nous n'avons rien vu de pareil.

SHEBEL, de même.

Tu as dormi, mon maître.

TOUS, riant.

Tu as dormi...

ARY.

Ah! c'est cela... oui, j'ai dormi... et je... j'ai rêvé!... (A part.) Moi! j'aurais amené la mort à me demander grâce! Allons donc! j'ai rêvé!... Tant mieux! car le médecin qui s'éloigne d'un malade avant tout espoir perdu est un meurtrier!... (Avec joie.) J'ai rêvé, là, rêvé! et ce pacte... je ne l'ai pas consenti!... (Vivement.) Mais... cette enfant entrevue là... au soleil couchant... est-ce encore un songe? (Par souvenir.) Ah! son mouchoir, je l'avais... (Il cherche.) Non, non, rien!... Cela aussi, je l'ai rêvé! (Avec un soupir.) Tant mieux!... (Haut et tâchant d'être gai.) A table, mes amis!

TOUS.

Bravo! A table!

KARL.

C'est cela!... Et d'abord, selon notre patriotique usage... (Levant son verre.) A la vieille Allemagne!

TOUS.

A l'Allemagne!

KARL, gaiement.

Et maintenant, toutes voix dehors pour l'invocation.

REPRISE DU CHŒUR.

O toi, grand Jupiter! du haut de l'empyrée,
Jette les yeux sur nous!
Rends nos amours heureux, notre pipe dorée,
Nos soirs profonds et doux!...

ACTE TROISIÈME.

Les souliers du mort.

Au château de Stramberg, aux portes de Munich : un salon précédant l'appartement du comte, dont l'entrée est à droite ; sur le devant, de ce côté, une table ; à gauche, un canapé. — Le jour commence à baisser.

SCÈNE PREMIÈRE.

LE DOCTEUR RANSPACH, RUTTER, UN DOMESTIQUE.

(Le docteur est assis sur le canapé, et, sa montre sous les yeux, compte, de sa main droite, les pulsations de sa main gauche. — Le domestique sort de la chambre du comte, et va vivement à Rutter.)

LE DOMESTIQUE, bas, à Rutter.

Monsieur Rutter, mademoiselle Marguerite demande si M. le docteur Ranspach est arrivé?

RUTTER, le lui montrant.

Le voilà ! Mais il est plongé dans de profondes méditations. Je n'ose pas le troubler, il s'occupe sans doute du malade ; mais, dis-moi, M. le comte?...

LE DOMESTIQUE.

Mademoiselle le trouve bien mal... M. le comte a voulu, cependant, demeurer dans son fauteuil ; il souffre moins, dit-il... je vais prévenir mademoiselle de l'arrivée du docteur. (Il rentre.)

RANSPACH, achevant de compter.

Cinquante-sept, cinquante-huit, cinquante-neuf, soixante... (Avec satisfaction.) Le pouls est bon !

RUTTER, s'avançant.

Monsieur le docteur?...

RANSPACH.

Le pouls est très-bon !

RUTTER, à part.

Comment ! c'était de lui-même que...

RANSPACH.

J'en serai quitte pour une alerte. Ah! ah! ma foi!... c'est que j'ai bien cru, pendant un instant... (A Rutter.) C'est cet enragé baron de Lambech, avec ses taquineries...

RUTTER.

Monsieur le comte...

RANSPACH, sans l'écouter.

Du reste, il aura fait faire, sans le vouloir, un grand pas à la science, car il m'est bien prouvé, à cette heure, qu'une secousse morale peut occasionner, en très-peu de temps, les plus grands désordres dans l'organisme. C'est que j'ai été comme malade pendant près de deux mois!... Oui, oui, il y a bien deux mois de cette malencontreuse promenade sur l'Isar.

RUTTER, à part.

Ah! c'est trop fort! (Haut.) Pardon, monsieur le docteur, mais...

RANSPACH, continuant.

J'étais parbleu bien menacé de péricardite... En ce cas, le médiastin antérieur eût été atteint; l'aponévrose centrale eût été lésée... Il se produisait une sorte de sifflement provenant du gonflement des valvules auriculo-ventriculaires.

RUTTER.

Permettez, mais...

RANSPACH, continuant.

Or, par suite de cette perturbation, Rutter, il y avait interruption dans les sensations, la commotion et la voix, qui sont sous la dépendance immédiate de l'organe encéphalique; dès lors, plus de phénomènes mécaniques dans les poumons, attendu que le cerveau eût cessé d'agir, et que le diaphragme et les intercostaux...

RUTTER.

Mais, encore une fois, monsieur le docteur, il s'agit de...

RANSPACH.

Quoi donc? (Se souvenant.) Ah! oui, oui, parlons un peu du malade. Comment a-t-il passé la nuit? Une prostration complète, n'est-ce pas?

RUTTER.

Pardon, une fièvre des plus violentes...

RANSPACH, sans l'écouter.

C'est bien cela... prostration! *Prostatio virium!*... C'était prévu par le décubitus qu'affectait la maladie.

RUTTER.

Monsieur le docteur, je...

RANSPACH, s'animant.

Depuis longtemps déjà j'avais remarqué chez M. le comte des symptômes d'anépythimie, d'aneurie, d'anévrohémie ou plutôt d'anesthésie.

RUTTER, impatienté.

Mais, à la fin...

RANSPACH, parlant toujours en marchant et sans le regarder.
Il a dormi continuellement.

RUTTER, se montrant.
Il n'a pas fermé l'œil!

RANSPACH.
C'est bien cela! A cette heure, les extrémités sont glacées...
(Rutter hausse les épaules et ne répond rien.)

RANSPACH, continuant toujours.
C'est bien cela... c'est bien cela!... Il est perdu!

RUTTER.
Hein?

RANSPACH, qui a regardé l'heure.
Ah! mon Dieu! sept heures et demie! et j'étais attendu à
sept heures précises chez le commandeur. Mon carrosse!...
Adieu!... Je reviendrai... pour consoler la famille.

RUTTER, à part.
La peste soit de l'animal.

RANSPACH, qui sortait vivement, s'arrête une minute devant une glace;
continuant son chemin.
La langue est bonne. Adieu! (Il disparaît.)

SCÈNE II.

RUTTER, puis MARGUERITE.

RUTTER.
Ah! si M. le comte en réchappe, ce ne sera pas la faute de
son médecin. Ah! mademoiselle Marguerite!

MARGUERITE, entrant.
Rutter, et le docteur?...

RUTTER.
M. Ranspach?... Il est parti comme il était venu, et c'est
peut-être tant mieux.

MARGUERITE, tombant dans un fauteuil.
Ah! mon pauvre Rutter, les sanglots m'étouffaient là-dedans, et, pour pouvoir pleurer, je suis sortie.

RUTTER.
M. le comte?

MARGUERITE.
M. le comte est toujours dans une sorte d'assoupissement
douloureux; de minute en minute, il semble s'éteindre. (Elle
pleure.)

RUTTER, avec tendresse.
Ma chère demoiselle!

MARGUERITE, avec tristesse.
Ah! Rutter! Ta chère demoiselle est bien malheureuse,
va!... Mon Dieu! si mon père allait mourir avant d'avoir em-
brassé une dernière fois son fils, mon méchant frère.

RUTTER.

On n'a donc pas pu trouver M. Karl?

MARGUERITE.

Hélas! non ; depuis ces dix jours d'inquiétudes, d'angoisses, mon frère n'est pas rentré chez lui, à ce qu'il paraît, et je l'ai vainement fait chercher partout... Il ignore encore, à cette heure, et le malheur qui nous a frappés, et celui, plus grand, qui nous menace peut-être! (Avec des larmes.) Oh! vois-tu, Rutter, c'est fini, bien fini! le ciel nous abandonne!

RUTTER.

Oh! mademoiselle, on ne doit jamais désespérer de la Providence, et vous devez en désespérer moins que personne, vous!... De grâce, mon enfant, reprenez courage, et ne sanglotez pas ainsi... M. le comte est là, tout près... il peut encore nous entendre.

MARGUERITE.

Oui, tu as raison; mais c'est plus fort que moi... les larmes me suffoquent.

KARL, qui vient d'entrer.

Verse-les sur mon cœur, Marguerite.

MARGUERITE, avec joie.

Mon frère!

SCÈNE III.

Les mêmes, KARL.

KARL, serrant Marguerite contre son cœur.

Tiens, pleure ainsi, le père ne t'entendra pas.

MARGUERITE, le caressant.

Quel bonheur!... Où étais-tu donc, méchant?

KARL, honteux.

Un peu partout; mais, que veux-tu? je souffrais tant de la dernière rupture entre mon père et moi, que je m'étais jeté, tête baissée, dans les distractions les plus folles! J'avais voulu oublier; mais je n'oubliais rien, ni personne... Enfin, me voilà, chère Marguerite! Embrasse-moi encore; permets à mes lèvres de sécher tes doux yeux, et conduis-moi auprès de notre père.

MARGUERITE.

Tout à l'heure, Karl.

KARL.

Il repose peut-être? J'attendrai! j'attendrai! Pauvre père! C'est un grand bonheur, peut-être, qu'on ait pu mettre la main sur moi, aujourd'hui qu'il est temps encore de le sauver!...

MARGUERITE.

Que veux-tu dire?

KARL.

Je veux dire, chère Marguerite, que, si sa maladie est devenue rapidement grave, c'est sans doute parce qu'il a eu affaire à... un âne...

RUTTER, vivement.

Il sort d'ici.

MARGUERITE.

Mais enfin, quel est ton projet?

KARL.

C'est d'amener ici, au plus vite, un médecin moins illustre, mais plus habile, à mes yeux le plus habile de tous.

MARGUERITE, vivement.

M. Ary Kœrner?

KARL.

Oui.

MARGUERITE.

Oh! tu as raison, Karl, d'avoir foi en lui! C'est un grand médecin, j'en suis sûre... Il suffit de le voir pour...

KARL.

Tu l'as donc vu?... Quand l'as-tu vu?

MARGUERITE.

Il y a deux mois, à l'auberge de Krapht.

KARL.

Ah!

MARGUERITE.

Il m'a fait pleurer... il semblait si malheureux!... Il y avait tant de douleur dans sa gaieté, tant de tristesse dans son sourire!

KARL.

Tu as remarqué tout cela?

MARGUERITE.

Oui; mais, dame! c'est ta faute. Tu me disais toujours : « Oh! si tu le voyais, mon ami Ary!... » Eh bien, il était là, et... je l'ai regardé!

KARL.

Marguerite, tu vas aimer Ary Kœrner!

MARGUERITE.

Karl!... Oh! vois-tu, si mon père m'ordonnait encore, à cette heure, d'appartenir au baron de Lambech, j'en mourrais!

KARL.

Hein!... Mais je ne veux pas que tu meures; moi, ma douce Marguerite, et notre père non plus, ne le voudra pas. La maladie qui l'a frappé ainsi tout à coup, au moment où ce mariage allait s'accomplir, aura été un avertissement pour lui.

MARGUERITE.

Hélas! je n'ose l'espérer... Ce baron de Lambech a pris un tel empire sur notre père!...

KARL.

Nous reparlerons de cela... Mais ne perdons pas de temps!
Je cours à la recherche d'Ary Kœrner,.. Rutter, tu vas venir
avec moi.

RUTTER.

Je suis à vos ordres.

KARL.

Tu iras d'un côté, tandis que j'irai de l'autre; de cette façon, nous aurons bien du malheur si... D'abord, il faut que,
dans une heure au plus, notre vrai docteur soit ici... Viens
donc vite, Rutter, viens. Adieu, petite sœur! (Il l'embrasse, et
sort avec Rutter.)

SCÈNE IV.

MARGUERITE, puis LE BARON, et UN DOMESTIQUE.

MARGUERITE, suivant Karl du regard.

O mon Karl! que Dieu te conduise auprès de celui qui
peut sauver notre père! Et que Dieu le soutienne, celui-là,
alors que tu l'auras trouvé! (Apercevant le baron qui entre.) Ah! le
baron!

LE BARON, à part, ayant remarqué le mouvement de Marguerite à sa vue.

Fort bien. J'ai produit mon effet accoutumé, moi!... (S'a-
vançant.) Chère Marguerite, voulez-vous me permettre?... (Il
veut lui baiser la main, Marguerite la retire.)

LE BARON, riant, à part.

C'est complet! (Haut.) Mademoiselle, c'est M. votre père que
je cherchais, c'est vous que je trouve, je n'en suis que plus
heureux!... (Mouvement de Marguerite.) Oh! je sais que ce bonheur
n'est point partagé; mais, que voulez-vous! je suis si
égoïste!...

MARGUERITE, à part.

Oh! je lui parlerai!... Et ce que M. le comte n'ose faire,
je le ferai, moi!... (Haut.) Vous vous trompez, monsieur le
baron, car, moi aussi, je bénis le hasard qui nous réunit
seuls un instant.

LE BARON, avec une grimace.

Oh! mademoiselle, vous avez l'intention de me faire de la
peine!

MARGUERITE, du ton de la prière.

Non, non, monsieur, je ne crois pas devoir craindre de
vous affliger en vous disant que j'ai eu foi en vous, en votre
loyauté...

LE BARON, la regarde d'un air étonné.

A moi?...

MARGUERITE.

Écoutez, monsieur le baron : vous avez un beau nom, une

position brillante; une union avec une pauvre petite fille comme moi n'ajouterait aucun éclat à cette position, à ce nom... et... vous avez si bien le droit d'être ambitieux!

LE BARON.

Et le droit de ne pas l'être...

MARGUERITE.

Je vous en prie, soyez indulgent! Ne vous moquez pas de moi!... J'ignore presque tout des choses de la vie... mais, cependant, il en est que je devine; et... vous ne voudriez point d'un cœur qui ne volerait pas de lui-même vers vous, n'est-ce pas?

LE BARON, souriant.

Mais, pardonnez-moi!... Je dirigerais son vol, voilà tout!..

MARGUERITE, très-agitée, et regardant toujours du côté de la chambre du comte.

Oh! monsieur, je vous en prie!... je vous en supplie! renoncez à ce mariage!... C'est une amie qui vous implore!... Tenez, vous le voyez, j'ai confiance en vous... voici ma main!

LE BARON.

C'est tout ce que je demande!

MARGUERITE, dissimulant son impatience.

Acceptez-la comme la main d'une sœur dévouée... dévouée à jamais!...

LE BARON, à part.

Elle a une petite main ravissante!...

MARGUERITE, encouragée par le silence du baron.

Tenez, je devine que vous ferez ce que je vous demande, et déjà, à cette pensée, mes yeux se remplissent de larmes... de reconnaissance...

LE BARON, à part.

Elle est tout à fait adorable quand elle pleure!... C'est à noter...

MARGUERITE, anxieuse.

Eh bien?

LE BARON, avec passion.

Eh bien, chère Marguerite, le sacrifice que vous me demandez est, plus que jamais, au-dessus de mes forces!

MARGUERITE.

Monsieur!...

LE BARON.

Non, non, ce trésor de charmes, qui peut m'appartenir, je ne l'abandonnerai pas à un autre, qui ne le dépenserait pas comme moi! Oubliez les rêves qui voltigeaient hier sur votre berceau! Vous êtes femme, aujourd'hui : c'est l'heure de la réalité!... Des poëtes vous diront : « Marguerite, je t'aime comme on aime le ciel, et je voudrais mourir avec ton nom sur les lèvres! » Moi, je vous dirai : Marguerite, je vous aime comme on aime la terre, comme on aime le plaisir! Je ne veux pas monter à vos côtés jusqu'aux étoiles, mais vivre avec vous dans les voluptés du luxe, pour mieux savourer les heures ineffables que nous donne l'amour!

MARGUERITE, tremblante sous le regard du baron,

Laissez-moi!...

LE BARON, entourant sa taille de son bras.

Comme cette pâleur va bien à cette jolie tête blonde!...

MARGUERITE, se débattant, et d'une voix sourde, au milieu de ses pleurs.

Laissez-moi!...

LE BARON, avec passion.

Oh! que tu es belle!...

MARGUERITE.

Vous me faites peur! (En ce moment le comte paraît, pâle, défait et se soutenant à peine. En l'apercevant, Marguerite court à lui.)

SCÈNE V.

LES MÊMES, LE COMTE.

LE COMTE, les yeux fixés sur le baron.

Qu'as-tu, mon enfant?

MARGUERITE, vivement.

Rien, rien, mon père! (A part.) Oh! je rougirais de le lui dire! (Haut.) Mais en vous voyant debout, j'ai craint une imprudence, et...

LE COMTE.

Oh! mon enfant, là-bas comme ici mes souffrances sont les mêmes; et la voix de M. le baron était arrivée jusqu'à moi...

LE BARON, tranquillement.

Je parlais cependant le plus bas possible.

LE COMTE, qui s'est approché de lui, à voix basse.

Le père a entendu. A défaut de pitié, ne pourriez-vous, du moins, avoir quelque respect de vous-même et des autres?

LE BARON, légèrement.

Eh! bon Dieu! mon cher comte, est-ce donc manquer de respect à mademoiselle de Stramberg que d'anticiper de quelques jours sur le moment heureux où j'aurai le droit de lui parler de ma tendresse?

LE COMTE, avec irritation.

Eh! monsieur...

LE BARON.

Mademoiselle Marguerite n'est-elle pas ma fiancée?

LE COMTE.

Encore?

LE BARON.

Dame! oui, tant qu'elle ne sera pas ma femme! (Le comte jette un regard embarrassé sur Marguerite, qui se tient un peu à l'écart.)

MARGUERITE, à part.

Mais... aucun homme ne parle ainsi à mon père!

LE BARON, continuant.

Et, d'ailleurs, savez-vous bien, monsieur le comte, que si l'un de nous a le droit de faire des reproches à l'autre, c'est moi et non pas vous. (Mouvement du comte.) Eh! sans doute, car j'ai pu voir là, tout à l'heure encore, que vous n'aviez pas plaidé bien chaleureusement ma cause auprès de mademoiselle Marguerite, que vous avez daigné cependant accorder à mes prières. (Le comte interroge Marguerite du regard.) Heureusement, j'ai autant de foi dans l'avenir que... (Appuyant.) dans votre parole; certain, par conséquent, de me faire aimer un jour de mademoiselle Marguerite, je ne saurais renoncer au bonheur de lui appartenir. J'ajouterai, monsieur le comte, que certains pressentiments, (Avec une mélancolie railleuse.) m'ayant averti que ce bonheur serait peut-être pour moi de courte durée, je désire en hâter l'accomplissement.

LE COMTE.

Que voulez-vous donc? (Marguerite, qui avait laissé tomber sa tête dans ses mains, la relève avec inquiétude.)

LE BARON.

Je souhaite, monsieur le comte, que vous déclariez, ce soir même, au notaire mandé par vous, que, par votre ordre, et quoi qu'il arrive, (Appuyant.) quoi qu'il arrive, mademoiselle Marguerite sera la femme de M. le baron de Lambech. (Mouvement du comte.)

MARGUERITE, à part.

Mon Dieu!

LE COMTE, bas.

Dites plutôt, monsieur, que vous craignez que, dès demain, la mort m'ait délié de la promesse que vous m'avez arrachée. C'est cela, n'est-ce pas?

LE BARON, souriant.

C'est extraordinaire, on ne peut rien vous cacher!...

MARGUERITE, à part.

Que peuvent-ils se dire?

LE BARON, bas.

Eh bien, vous daignerez, n'est-ce pas, satisfaire à mes désirs?...

LE COMTE, lui désignant Marguerite.

Regardez-la donc, monsieur, et vous comprendrez que la satisfaction donnée à vos vœux serait aussi la mort donnée à mon enfant!

LE BARON, saluant.

Bien obligé!... (Ricanant.) Ah! décidément, on ne ménage pas assez mon amour-propre dans votre famille, et... (Avec intention.) Il faut que je tienne bien à y entrer!

LE COMTE, avec un mouvement contenu de fureur.

Monsieur!... Oh! tenez, vous êtes le mauvais génie de

notre maison!... Oh! mais il ne sera pas dit... (Avec une agitation qui augmente peu à peu.) Non, non, je ne peux pas... je ne dois pas permettre!... Misérable!...

LE BARON, froidement.

Ah! si vous commencez ainsi, comment donc finirez-vous?

LE COMTE, les dents serrées.

Poursuis donc ton œuvre, maudit! (Le baron salue.) Empoisonne mes derniers moments!... Déshonore mon agonie!... Du moins, tu n'obtiendras pas de moi que.. que... (La voix lui manque; il tombe épuisé dans un fauteuil.)

MARGUERITE, qui suivait avec effroi tous leurs mouvements, s'élançant vers le comte.

Mon père!... Ah! mon Dieu!... (Au baron.) Je ne sais ce qui se passe entre vous, mais je devine... Votre présence le tue!

LE BARON.

Ah! mademoiselle!... pouvez-vous croire?... Moi, le fils du meilleur ami de M. le comte, je pourrais... (Au comte.) Car... vous étiez... (Avec intention.) vous étiez le meilleur ami de mon père, n'est-ce pas, monsieur de Stramberg? Vous ne le quittiez presque jamais!... (D'un ton incisif et menaçant.) Vous étiez même avec lui le jour de l'horrible catastrophe qui me fit orphelin !... (Aux premiers mots du baron, le comte a redressé la tête; aux derniers, il se relève comme mû par un ressort, et saisit convulsivement son bras. — Avec intérêt.) Ah! les couleurs vous sont revenues!... Ce moment de faiblesse est passé, n'est-il pas vrai?... Figurez-vous, monsieur le comte, que mademoiselle Marguerite attribuait votre quasi évanouissement à ma fâcheuse influence... Dites-lui bien, je vous prie, qu'il n'en est rien... dites-lui bien, surtout, que vous êtes prêt à sceller, par de nouveaux liens, l'amitié qui nous unit déjà.

LE COMTE, bas.

Jamais!... Jamais, vous dis-je! Je ne ferai pas le malheur de ma fille !...

LE BARON, après avoir regardé le comte, à Marguerite.

Pour en revenir donc à cette sombre histoire de la fin de M. de Lambech, figurez-vous, mademoiselle, que ce fut dans une fête masquée que mon père tomba frappé... comme par un coup de foudre... M. le comte doit se la rappeler, cette fête; il y fit sensation dans un certain costume... infernal!.. Oui... oui... Toute cette nuit-là, mademoiselle, votre respectable père s'appela *le capitaine Satan*... et l'on dit qu'il joua bien son rôle!... Vraiment... tout cela fut étrange!... Mais une chose plus étrange encore, c'est que... (Pesant sur chaque mot sans quitter le comte des yeux.) quelque temps après, le hasard faisait tomber entre mes mains certaine lettre qui jetait sur les épisodes de bal masqué une lumière qui... Ah! parbleu! mademoiselle, cette lettre, je l'ai justement sur moi... il faut que je vous la lise... (Il tire une lettre de sa poche et se met en devoir de la déplier. Le comte qui, pendant tout ce qui précède, a paru lutter contre d'horribles angoisses, se penche tout à coup à l'oreille du baron, en se cramponnant au bras de son fauteuil pour ne point tomber.)

LE COMTE, bas, avec effroi.

Taisez-vous!... taisez-vous!...

LE BARON, haut.

Plus tard?... Soit, monsieur le comte!

LE COMTE, à part.

Oh! je n'ai pas le courage de rougir devant elle...

MARGUERITE, à part.

Oh! mon Dieu! mon Dieu!... qu'y a-t-il donc?

LE BARON, saluant.

Je vais, monsieur le comte, selon votre désir, hâter l'arrivée de votre notaire...

LE COMTE, d'une voix brisée.

Allez donc, monsieur, allez!... (Il tombe accablé dans un fauteuil.)

MARGUERITE, à part.

Allons, tout espoir est perdu pour moi!...

LE BARON, à Marguerite.

A bientôt, mademoiselle, pardonnez-moi mon bonheur!... (Au comte.) Au revoir, capitaine Satan!... (Il sort.)

LE COMTE, à part.

Oh! Marguerite!... ma pauvre Marguerite!...

MARGUERITE, s'élançant.

Mon père, vous souffrez?...

LE COMTE.

Oh! oui, je souffre bien!... Donne-moi ton bras... je veux rentrer... Ah! je le sens, c'est fini! bien fini!...

MARGUERITE.

Mon père!... Oh! Ary! Ary! venez vite!...

LE COMTE, à part.

Oh! c'est hier que j'aurais dû mourir!... (Ils sortent à droite.)

SCÈNE VI.

RUTTER, puis MARTHE et VERNER.

RUTTER, entrant.

Je n'ai pas rencontré M. Kœrner... Dieu veuille que M. Karl ait été plus heureux que moi!... (Regardant au dehors.) Eh! mais, je ne me trompe pas, c'est dame Marthe et M. Verner!... que viennent-ils faire ici?... Ah! je comprends, l'honnête brasseur et l'ancienne femme de charge du château ont flairé quelque morceau d'héritage. (Marthe et Verner entrent sans voir d'abord Rutter; ils ont le nez au vent et la mine de gens qui poursuivent un inventaire. Quand ils aperçoivent enfin le vieux serviteur, ils tirent vivement leurs mouchoirs et fondent en larmes.)

VERNER, à part.

Il y en a ici pour de l'argent!

MARTHE, apercevant Rutter.

Rutter!... Ah!... mon pauvre Rutter!...

VERNER.

Nous avons appris l'horrible nouvelle !

MARTHE.

Oh! j'ai le cœur brisé!...

VERNER.

Hélas! j'ai trop vécu!... (Tous deux tombent assis en sanglotant.)

RUTTER, à part.

Les hypocrites!... ils essayent déjà les souliers du mort!...
(On entend la voix de Lutz dans la coulisse.) Ah! à l'autre!... maître
Lutz!... de quel cabaret nous tombe-t-il, celui-là?...

SCÈNE VII.

LES MÊMES, MAITRE LUTZ, puis LE BARON et BECKMANN.

(Maitre Lutz est plus débraillé et plus animé que jamais.)

LUTZ, à Rutter.

Préviens ton maître, mon cousin... mon cousin!... tu entends? que je désire lui parler... Allons, dépêche-toi.

RUTTER.

Pardon, monsieur, mais mon maître est gravement ma-
lade, et... (On entend sonner.) Tenez, il m'appelle. (Il entre chez le
comte.)

LUTZ, entrant tout à coup dans une violente colère.

Hein? mon cousin est aussi malade! et je suis le dernier à
l'apprendre!... mais qui donc préviendra-t-on alors?... (Toi-
sant Verner et Marthe.) Des parents au centième degré, sans
doute, des espèces d'intrigants?...

VERNER.

Monsieur!... si vous vouliez bien peser vos paroles!

LUTZ, brutalement.

Eh! je les ai pesées, pardieu!... Et vous voyez même que
je donne bon poids.

VERNER, à part.

Le grossier personnage!

MARTHE, d'un ton pincé.

Ce n'est pas pour moi, sans doute, que parle maître Lutz;
pour moi qui, pendant dix années consécutives, ai prouvé
mon attachement...

LUTZ, goguenard.

Oui, aux choses de ce monde, en garnissant votre pelote...
de nos épingles.

MARTHE, furieuse.

Maitre Lutz!...

VERNER.

Vous êtes un malappris !...

LUTZ.

Et vous... vous êtes des parasites !... (En ce moment, le baron paraît avec M. Beckmann.)

SCÈNE VIII.

Les mêmes, LE BARON DE LAMBECH, BECKMANN.

LE BARON, tenant Beckmann sous le bras, et continuant une conversation commencée.

Comment ! la... vrai, vous vous mariez ? (Regardant les héritiers, à part.) Ah ! ah ! voilà les requins qui suivent le navire !

LUTZ, à part, regardant Beckmann.

Tiens, je connais cet homme-là, moi !

LE BARON, à Beckmann.

Vous vous mariez... vous-même ?

BECKMANN, mystérieusement.

Oui, monsieur le baron... J'ai trouvé ce qu'il me fallait... dans ma position... une charmante jeune fille qui sera trop heureuse de devenir ma garde-malade... car elle est pauvre, sans ressources, abandonnée du ciel et des hommes, et...

LE BARON, l'interrompant.

Elle vous épouse, cela dit tout.

BECKMANN.

Est-ce une méchanceté ?

LE BARON.

Parbleu ! qu'est-ce que vous voulez que ce soit ? Enfin, vous vous mariez, et vous venez, m'avez-vous dit, annoncer cette grande nouvelle à M. le comte ? Eh bien, vous tombez mal, mon cher, on ne s'occupe pas de contrat ici, mais de testament...

BECKMANN.

Bah ! M. le comte ?...

LE BARON.

Vous allez peut-être gagner ce soir deux cent cinquante mille florins, mon bon monsieur Beckmann !

LUTZ, sautant.

Beckmann ! C'était lui !

BECKMANN, l'apercevant.

Mon homme du *Taureau noir* !

LUTZ, s'avançant, les poings serrés.

Ah ! l'homme aux deux cent cinquante mille florins, c'était vous !... Oh ! si j'avais su... (Avec mépris.) Monsieur Beckmann !... Eh bien, si vous étiez venu cinq minutes plus tôt, vous eussiez pu prendre votre large part des dures vérités que je viens de dire aux autres ; mais il en est temps encore, et vous n'aurez rien perdu pour attendre.

BECKMANN.

Gardez vos vérités, monsieur le musicien ; je ne demande rien à personne, moi.

LUTZ, avec colère.

Non, mais vous acceptez volontiers un argent qui devait revenir à d'autres.

BECKMANN.

Vous voulez parler des deux cent cinquante mille florins en question ?... Désolé, monsieur, mais je m'incline, moi, devant les décrets de la divine Providence. Je pouvais partir le premier, je reste le dernier... C'est peut-être un malheur à votre point de vue, mais vous ne me demanderez sans doute point de le déplorer ?

LUTZ, plus furieux.

Non, mais...

BECKMANN, froidement.

Permettez, monsieur ; mais il y aurait folie à moi de me tourner le sang et la bile pour une cause que la simple raison me donne gagnée.

LUTZ.

Gagnée ? gagnée ? C'est ce qu'il faudra voir ! Il y a une justice à Munich !

LE BARON.

Il y a des juges, du moins !

LUTZ.

Oui, oui, il y a des juges !

MARTHE.

Et nous plaiderons...

LUTZ, sans l'écouter.

On prouvera que mon cousin ne jouissait pas de toutes ses facultés quand il a signé ce traité ridicule.

VERNER, s'animant.

Cet acte est l'acte d'un fou.

LE BARON.

Eh bien, mais... on pourrait peut-être le faire enfermer.

LUTZ, s'animant aussi.

Dame !

VERNER.

Et l'on nous rendra...

LUTZ.

Vous rendre ? à vous ?... Mais c'est moi seul que cela regarde.

MARTHE.

Ce n'est pas vrai.

LUTZ.

Si.

MARTHE ET VERNER, furieux.

Non, non !...

LE BARON, les calmant.

Allons !... allons !... des querelles entre vous, entre vous qui devriez vous entendre... comme larrons en foire !... (Il rit.)

LUTZ, avec noblesse.

Monsieur le baron, vous m'insultez !

LE BARON, très-calme.

Eh bien !... qu'est-ce que ça fait ? (Lutz va répliquer. — Entre Marguerite.)

SCÈNE IX.

LES MÊMES, MARGUERITE, puis KARL, et ARY KŒRNER.

MARGUERITE, à part, en entrant, avec inquiétude.

Mon Dieu ! Karl ne revient pas !

LUTZ, allant à elle.

Ma cousine, je vous salue... Comment va mon cousin ?

MARGUERITE.

Mal... bien mal.

VERNER ET MARTHE, vivement.

Ah ! vraiment ?

MARTHE, avec des larmes.

Ah ! nous nous associons bien à votre douleur !

LE BARON, riant, à part.

Quels gredins !... Ils sont superbes !

MARGUERITE.

C'est comme une fatalité !... Nous attendions un autre médecin...

TOUS TROIS, à part.

Hein ?

MARGUERITE, continuant.

Qui aurait pu sauver notre père, peut-être, et il ne vient pas... (Tous trois se sont poussés le coude ; Lutz s'avance.)

LUTZ.

Et cet autre médecin ?...

MARGUERITE.

C'est M. Ary Kœrner. (Tous, y compris Beckmann, font un soubresaut à ce nom.)

LUTZ, avec intérêt.

Faites attention, ma cousine ; en appelant un autre médecin que celui choisi par M. votre père, vous prenez une grande responsabilité.

VERNER, de même.

Certes !

MARTHE.

Une figure nouvelle, songez donc! Mais rien que cela peut avoir du danger...

BECKMANN.

C'est évident!...

LUTZ.

Prenez garde, ma cousine.

VERNER.

C'est imprudent!

BECKMANN ET MARTHE.

Très-imprudent! (Le baron rit à part.)

MARGUERITE, qui ne les écoutait même pas, prête tout à coup l'oreille aux bruits du dehors. — Haut, avec un cri de joie.

On vient! (Y courant.) C'est Karl et M. Kœrner.

VERNER, à part.

Au diable!...

BECKMANN, à part.

Il avait bien affaire de venir ici, celui-là!...

LUTZ, à part.

La peste soit de l'homme! (Marthe hausse les épaules avec désappointement.)

LE BARON, qui les a observés, leur fait un signe, et se place au milieu d'eux. — A demi-voix.

Ne vous désespérez donc pas... Je crois qu'il vient trop tard!.. (Tous font d'abord un mouvement involontaire de satisfaction, puis un autre, qui semble reprocher avec indignation au baron ses paroles. — A part, riant.) Voilà qui prouve bien que le premier mouvement est toujours le bon. (Karl entre vivement, suivi d'Ary.)

KARL, courant à Marguerite.

Marguerite, voici enfin notre ami!

MARGUERITE, avec élan.

Oh! docteur, sauvez notre père!

ARY, qui saluait, relevant la tête, et comme foudroyé en apercevant Marguerite. — A part.

La jeune fille de la taverne!

KARL.

Ary, je vais prévenir M. le comte. (Il entre à droite.)

ARY, à part, avec une sorte de délire, qui augmente peu à peu.

Oui, c'est elle!... c'est bien elle!... Ce sont bien ses traits, que je croyais avoir vus en rêve, et que je ne pouvais chasser de ma mémoire... Ce n'était donc pas une vision?... Je n'étais donc pas fou?... je n'étais donc pas ivre?... J'avais vu, bien vu!... Mais alors... l'autre? l'autre?... ce n'était donc pas non plus une apparition de la fièvre?...Ces paroles que j'ai entendues ont donc été bien véritablement prononcées par cette bouche de marbre?... Cette main glacée, je l'ai donc touchée en effet?... Et... ce pacte, ce pacte impie?... mon Dieu! mon Dieu!... je l'ai donc signé?... (Avec effroi.) Oh! je me souviens!... je me souviens! « Quand tu me verras auprès d'un malade, c'est qu'il devra mourir, et... (Regardant Marguerite.) Le malade à sauver, c'est son père ! (Avec un cri étouffé, en regardant la chambre du comte.) Si j'allais la trouver là ?

KARL, reparaissant.

Ary, notre père t'attend... viens !

ARY, essuyant la sueur qui inonde son front.

Non... non...

KARL, étonné.

Quoi ?

ARY, frissonnant.

Je n'ose pas... je n'ose pas !...

KARL, à Marguerite.

Ah ! je comprends... Il doute de sa science ; mais je n'en doute pas, moi ; viens !...

ARY.

Non... non... je n'ose pas, te dis-je !

KARL, le regardant.

Comme tu es pâle !... mais tu frissonnes. Qu'as-tu donc ?

ARY.

J'ai peur !

KARL, voulant l'entraîner.

Tu es fou !

MARGUERITE, suppliante.

Vous hésitez ? Et mon père va mourir !...

ARY, frissonnant, à part.

Mourir !... Oui, oui, si elle est là ! « Quand tu me verras auprès d'un malade... » Oh ! c'est horrible !

KARL.

Mais qu'as-tu donc ?... Tu m'effrayes !...

MARGUERITE, pâle d'effroi, et avec des larmes.

Monsieur !...

ARY, bas.

Taisez-vous !... (A Karl.) Tais-toi ! (Il s'élance dans la chambre du comte. — Moment d'anxiété. — Ary reparaissant, à Karl et à Marguerite.) Il vivra ! Je le sauverai !... Allez ! allez ! (Karl et Marguerite entrent à droite. — A lui-même.) Oui, oui, je le sauverai ! car elle n'est pas là ! (Il rentre dans la chambre.)

RUTTER, reparaissant.

Le notaire de M. le comte !

LES HÉRITIERS, à part.

Ah ! enfin !

LE BARON.

C'est bien heureux !...

SCÈNE X.

Les mêmes, LE NOTAIRE et ses deux clercs.

(Le notaire et le premier clerc, guidés par Rutter, se dirigent vers la chambre du comte.)

LE BARON, sur le seuil et regardant Marguerite.

Allons, ma belle Marguerite, il faut que mon bonheur se signe dès ce soir. (Il entre chez le comte. — Le deuxième clerc paraît, saluant à droite et à gauche; il se dirige lentement vers la chambre du comte, puis tout à coup s'arrête devant la table, où il pose ses papiers, s'assied, et se met à écrire. C'est la statue du deuxième acte : c'est la Mort. — A partir de ce moment, tous quittent brusquement les visages et les poses de circonstance qu'ils avaient composés à grand'peine, pendant tout ce qui a précédé.)

SCÈNE XI.

LE PETIT CLERC, LUTZ, BECKMANN, VERNER, DAME MARTHE.

(Le petit clerc s'est mis à écrire d'une façon vertigineuse. — Quand Ary a disparu, on n'entend, pendant un moment, que le grincement forcené de la plume sur le papier. — Lutz s'approche peu après du petit clerc, et regarde furtivement par-dessus son épaule. — Beckmann s'est assis et ne prend garde à rien.)

VERNER.

Monsieur le deuxième clerc, vous ne rejoignez donc pas votre collègue?

LE PETIT CLERC, jouant avec la plume, dont il dirige toujours le bec du côté de ceux à qui il parle.

Non, monsieur; il suffit, et au delà, à la besogne qu'il y a là-dedans. Si nous venons deux, c'est uniquement pour faire de la solennité, et nous donner un prétexte pour prendre à nos clients de plus gros honoraires.

LUTZ, qui s'est en vain écarquillé les yeux pour distinguer ce qu'écrit le petit clerc.

Mais... que faites-vous donc, jeune homme? Il n'y a pas d'encre à votre plume.

LE PETIT CLERC, écrivant toujours dans le vide.

Inutile, monsieur, ce que j'en fais, n'est que pour me donner une contenance.

LUTZ, avec une inquiétude vague.

Ah!...

VERNER, essayant en vain de sourire.

Il est drôle, ce petit bonhomme! (Il est allé à la porte du comte et qui y a collé son oreille, à part.) Je n'entends rien; la voix ne vient pas jusqu'ici.

LUTZ, l'apercevant et avec brusquerie.

Eh bien... qu'est-ce que vous faites donc là?

VERNER, embarrassé.

Moi? Mais je... j'admirais les sculptures de cette boiserie.

LE PETIT CLERC, riant, et se levant.

Oh! le menteur!

VERNER.

Qu'est-ce?

LE PETIT CLERC, aux autres, en désignant Verner.

Monsieur essayait d'entendre ce que se disent, en ce moment, M. le comte et mon patron.

VERNER.

Mais cela n'est pas.

LE PETIT CLERC.

Laissez donc. Oh! quoique jeune, j'ai déjà l'expérience de
la vie, et même... quelque chose de mieux.

MARTHE, à Lutz.

Décidément, cet enfant-là n'a pas le même air que tout le
monde.

LE PETIT CLERC, continuant.

De plus, j'ai l'oreille très-fine, moi, et j'ai coutume de la
mettre au service des héritiers qui, dans une situation semblable, n'ont point la patience d'attendre l'heure de l'ouver-
ture d'un testament. (En ce moment, on voit le notaire et son clerc
qui sortent de la chambre du comte, conduits par Rutter. Ils marchent avec
précaution, et ne sont ni vus ni entendus par les autres personnages qui,
sur le devant, entourent le petit clerc. Rutter dispose sans bruit deux
siéges près d'une table, au fond, puis il rentre dans la chambre du comte.)

LE PETIT CLERC, a continué pendant ce jeu de scène.

Et si vous le désirez, je puis vous répéter ce qui se dit,
et même ce qui s'écrit en ce moment dans la chambre de
M. le comte de Stramberg. (Mouvement de curiosité des héritiers. —
En ce moment, le baron sort aussi de la chambre et va près du notaire.)

LE PETIT CLERC.

Vous consentez? Attention, alors! (Tous prêtent l'oreille. — Le
petit clerc, quoique à une assez grande distance de la porte, se penche
comme s'il écoutait.) M'y voilà. Le notaire s'asseoit; il range ses
papiers; il taille sa plume.

LUTZ.

Se moque-t-il de nous?

LE PETIT CLERC, de même.

M. le comte va parler... Il parle. (Lutz, Verner et Marthe font un
nouveau mouvement de curiosité.)

MARTHE, à part.

Ah! je suis bien émue.

LE PETIT CLERC, parlant comme s'il répétait ce qu'il entend.

« Je laisse... toute ma fortune à mes deux enfants... Karl
et Marguerite. »

LUTZ, sautant.

Toute ?

LE PETIT CLERC.

« A charge par eux de verser les sommes dont il me plaît de gratifier les personnes, desquelles les noms se trouvent sur la liste que voici. »

LUTZ.

Une liste ?

VERNER.

Mais...

LE PETIT CLERC.

Attendez... « J'exclus de ma succession l'homme sans talent et sans cœur qui a compté sur ma mort pour entretenir sa vanité, son impuissance et ses vices. J'ai nommé mon cousin Lutz. »

LUTZ, avec colère.

Moi ?

LE PETIT CLERC, naïvement.

Ah ! c'est... Je n'avais pas l'honneur... (Il salue et fait le même jeu pour les autres.)

LUTZ.

Vous avez mal entendu... Il est impossible...

VERNER.

Taisez-vous donc !

LE PETIT CLERC, reprenant.

« Pour madame Burna, qui a été pendant dix ans au château, femme de charge... »

VERNER.

Et de très-lourde charge.

MARTHE.

Hein ?

LE PETIT CLERC.

« Je lui laisse tout ce qu'elle m'a volé. »

MARTHE.

Volé ! volé !... Mais c'est indigne, et je ne puis croire...

VERNER, à son tour.

Mais taisez-vous donc !

LE PETIT CLERC.

« Quant à M. Verner, je lui lègue... »

VERNER, avec joie.

Il me lègue ?...

LE PETIT CLERC, continuant.

« La honte d'avoir tenté un jour de spéculer sur ma faiblesse et sur la beauté de sa femme. »

VERNER, très-troublé.

Veux-tu bien ?...

LE PETIT CLERC, continuant.

« Pour me faire faire un testament en sa faveur. »

VERNER, *étranglant de fureur.*

Te lairas-tu, petit serpent? (Aux autres.) Il ment, entendez-vous?...

LUTZ.

Pour ce qui me regarde? Certes!...

MARTHE.

Eh bien, pour ce qui me regarde donc?

VERNER.

Il a tout inventé, le petit gredin. (Apercevant seulement le notaire qui est au fond, au moment où le baron, qui descend, l'a démasqué, et avec un cri.) Et, tenez, pardieu! le notaire était là!...

TOUS, avec colère.

Oh!

LE PETIT CLERC, *éclatant de rire.*

Eh bien, c'est vrai, je ne lisais pas dans le testament du comte, je lisais dans son âme. (Mouvement de colère de tous trois.)

LUTZ, brandissant sa canne.

Eh bien, si tu lis dans les âmes, tu dois lire dans la mienne que je vais t'assommer...

LE BARON, se mettant entre Lutz et le petit clerc.

Allons! allons! maître Lutz, il a dû dire vrai. Vous savez bien que la vérité sort toujours de la bouche des enfants.

LUTZ, au petit clerc.

Je te payerai cela.

LE BARON, riant.

Ne crains rien, petit, maître Lutz ne paye jamais personne.

BECKMANN, riant.

Ah! ah! ah! c'est très-drôle...

LE PETIT CLERC, s'avançant vers lui.

Et vous, monsieur Beckmann, est-ce que vous n'avez pas besoin de mes petits services? Ne songez-vous point à vous marier, afin de déshériter plus sûrement Ary Kœrner, votre cher neveu, que vous ne pouvez souffrir?

BECKMANN, étonné.

Comment, petit, tu sais?...

LE PETIT CLERC.

Je sais tout, moi.

BECKMANN.

Eh bien, c'est la vérité... et je voudrais un acte fait de telle sorte... enfin, un petit acte...

LE PETIT CLERC.

Bien perfide?

BECKMANN.

Oui.

LE PETIT CLERC.

Vous voulez être bien certain que, quoi qu'il arrive, votre neveu ne pourra jamais prétendre à un florin de votre succession?

BECKMANN.

Pas même à un kreutzer !

LE PETIT CLERC, feuilletant son Code.

Eh bien, j'ai votre affaire, monsieur ; un article premier choix, l'article 782 ; vous en désirez l'expédition, fort bien, je vous le livrerai tout à l'heure. (Il se met à la table et recommence à écrire d'une façon extravagante.)

SCÈNE XII.

LES MÊMES, puis, successivement, ARY KŒRNER, KARL, peu après LE COMTE, RUTTER et MARGUERITE, et enfin RANSPACH.

(Toute la première partie de cette scène doit être jouée fiévreusement, quoique à voix basse. — Cette fièvre semble animer chacun des personnages au milieu du silence morne qu'on observe dans la chambre d'un malade ; ainsi, le notaire et son premier clerc se meuvent comme des ombres d'une table à l'autre, glissant sur le tapis qui étouffe leurs pas, et remuant des papiers, dont on n'entend pas même le froissement. — Lutz, Marthe et Verner parlent entre eux avec animation, mais on n'entend qu'un chuchotement, à peine perceptible ; des domestiques vont et viennent précipitamment, se disant à l'oreille des mots que l'on n'entend pas. — Beckmann s'agite depuis un instant sur son siège, et se penche par moments pour écouter. — La plume du petit clerc grince toujours sur le papier. — Ce jeu du silence dure une minute, et tout à coup Ary Kœrner paraît. — Il est pâle, agité.)

KARL, qui marchait dans ses pas, arrivant près de lui, et d'une voix tremblante, mais sourde.

Ary, que se passe-t-il donc ?... Je suis dans l'épouvante !... D'où vient l'état où, maintenant, se trouve notre père ?... Qu'as-tu donc fait ?...

ARY, de même.

C'est mon secret, Karl... et... tu as confiance en moi !...

LE BARON, à voix basse.

Monsieur le docteur permettra-t-il, enfin ?... (Il montre le notaire.)

ARY.

Pas encore, monsieur... (Le baron s'éloigne avec le papier que lui a remis le notaire et qu'il tient à la main. — A Karl.) Écoute... J'ai regardé marcher cette aiguille (Il désigne l'intérieur de la chambre du comte.) avec des battements de cœur à tuer un homme ; sais-tu pourquoi ?... Eh bien, c'est que lorsque cette aiguille arrivera à une certaine minute, que je redoute, si ton père a recouvré le calme, si le transport effrayant que j'ai provoqué s'arrête, il est sauvé !

KARL.

Sauvé !... (Le comte paraît brusquement, entouré de Rutter et d'un autre domestique. Marguerite entre avec eux. En ce moment, le deuxième clerc se lève, ainsi que tout le monde ; Ary se trouve alors en face de lui, et, saisi d'épouvante, reconnaît la Mort.)

ARY, à part.

Dieux ! je la reconnais ! C'est elle !... Je ne puis plus rien !

LE COMTE, dans une sorte de délire.

Laissez-moi !... laissez-moi !... Où est le baron ?... Karl, mon fils... où est la sœur ?... Ah ! te voilà, Marguerite !... Embrassez-moi, mes enfants, c'est la dernière fois !...

MARGUERITE, en larmes.

Mon père !...

ARY, les yeux attachés sur le petit clerc et se rappelant.

Elle m'a dit : « Si alors mon bras s'appesantit sur lui, si mon doigt le touche, si... » Que va-t-elle faire ?...

LE COMTE, s'élançant vers le baron, à voix basse.

Écoutez... je ne vous crains plus !... Comme je n'aurai pas longtemps à rougir devant eux, je vais tout dire... tout... tout !... (Avec de grands cris.) Approchez !... je veux qu'on m'entende !... Écoutez !... écoutez... tous !... je... je... (Poussant un cri étouffé et tombant tout à coup sans forces dans un fauteuil.) Ah !

MARGUERITE, avec un cri.

Ciel !...

ARY, qui a vu la Mort s'éloigner peu à peu, à un geste d'abandon qu'elle lui fait, avec une explosion de joie, à Karl.

Karl !... ton père est sauvé !...

KARL ET MARGUERITE, avec un cri de joie.

Ah !... (Ils tombent aux pieds du comte.)

TOUS, d'un ton différent.

Sauvé !...

RANSPACH, qui entrait.

Le comte ?...

BECKMANN, à part.

C'est à ne plus compter sur rien !...

RANSPACH, accablé, à part.

Un homme que j'avais condamné !... Je suis déshonoré !...

LE BARON, froidement, déchirant le papier qu'il tenait.

Soit ! Il signera au contrat.

MARTHE, bas à Verner.

Partons-nous ?

VERNER, de même.

Bah !... Attendons encore... qui sait ?... (Lutz tombe accablé dans un fauteuil, Beckmann dans un autre.)

LE COMTE, qui s'est remis peu à peu.

Oh ! mes enfants !... mes enfants !... Dieu permet donc que je vive encore pour vous !...

MARGUERITE.

Mon bon père !... (Regardant Ary.) Oh ! que je suis heureuse !

LE BARON, à part.

Tudieu ! comme elle le regarde !... Allons! c'est un rival!
Déjà?... Enfin !... (Il va au comte.) Croyez, mon cher comte, à
toute ma joie!

VERNER ET MARTHE, grimaçant.

Croyez-y comme à la nôtre !

BECKMANN, de même.

Comme à la mienne aussi!

LE COMTE, bas au baron.

Vous n'aurez pas d'écrit à m'arracher!

LE BARON, de même.

Non; mais j'en ai toujours un à vous rendre, et je ne
vous le rendrai que le jour de mon mariage!

KARL, avec tendresse.

Mon père!... Oh! vous vivrez... (Désignant Ary.) car il l'a dit!

LE PETIT CLERC, se levant et s'avançant.

Et vous pouvez croire ce médecin-là, monsieur le comte!

LE COMTE.

Qu'es-tu, toi? et que veux-tu dire?

LE PETIT CLERC.

Mais... je veux dire que le docteur Kœrner ne s'est jamais
trompé, et que si, par exemple, il avait prédit la mort de
l'un de nous... pour minuit sonnant, je serais inquiet...(Regardant
la pendule.) car minuit va sonner... (On entend tinter le premier
coup à la pendule.) car minuit sonne!... (Minuit commence également à
sonner à l'église voisine.)

ARY, à part, avec terreur et étendant instinctivement ses bras devant le
comte et ses enfants.

O mon Dieu !...

MARGUERITE, à Karl.

Cet enfant me fait peur! (En ce moment, Beckmann, à qui le petit
clerc a remis un papier, s'avance vers le comte.)

BECKMANN, au comte.

Cher ami... je veux te dire encore... (A part.) ceci dérange
mes projets... (Haut.) combien je suis heureux... de te voir
rendu à notre amour... (A part.) Deux cent cinquante mille
florins!... (Haut.) D'autant plus heureux que... c'est à mon cher
neveu... (A part.) diantre soit de la famille!... (Haut.) que tu
devras ton salut!... (A part.) Mais ma vengeance est prête, cet
acte le déshérite, et je veux le signer sur-le-champ.

LE PETIT CLERC, à voix basse.

Voulez-vous ma plume? (Il touche Beckmann du bout de sa plume;
la douzième heure sonne en ce moment; Beckmann tombe comme foudroyé
au pied d'un fauteuil.)

TOUS, avec un cri.

Ah! (On entoure Beckmann.)

LE COMTE.

Vite, docteur!

LUTZ.

Il ne bouge plus.

MARGUERITE.

Mon Dieu !...

RANSPACH, d'un ton doctoral.

Sa tête a porté sur l'angle de ce meuble; il est mort.

TOUS.

Mort !...

LE PETIT CLERC, tranquillement.

Ah! il est mort !

ARY, à part.

C'est horrible !

RANSPACH.

Du moins, il n'a pas souffert.

LE BARON.

La mort du juste,

LE COMTE.

Quel événement ! (Il tombe sur un siège; ses enfants l'entourent.)

LE BARON, à Ary, qui est resté comme foudroyé.

Vous voilà riche, monsieur, puisque vous êtes le seul héritier de M. Beckmann, votre oncle... Mes compliments!...
Mais... je serais désolé d'être à votre place.

ARY, frissonnant, et répondant à ses propres pensées.

Pourquoi donc, monsieur ?

LE BARON, regardant Marguerite agenouillée.

Parce que les deuils de famille (Appuyant.) retardent les ma-
riages. (Mouvement de Karl; il regardait le comte, qui vient de tressail-
lir, et qui baisse les yeux devant les siens.)

KARL, à part.

Oh ! ce secret... je le saurai !

LE PETIT CLERC, à Ary.

Tu vois que parfois je m'appelle Providence! (Prenant son cha-
peau et saluant gaiement.) Mesdames, messieurs, toute la compagnie, au revoir !... (Il se dispose à partir. — Ary s'est détourné avec
épouvante. — Tableau.)

ACTE QUATRIÈME.

Le capitaine Satan.

Une fête au château de Stramberg : un salon élevé, de style ancien, somptueusement décoré et tout plein de lumières, ouvrant sur une galerie au fond; fenêtre à gauche au premier plan; au premier plan de droite, une cheminée avec pendule; quand l'acte commence, les salons ne sont pas entièrement garnis; on ne danse pas encore; l'orchestre fait entendre au loin des symphonies; des costumes variés se croisent dans la galerie.

—

SCÈNE PREMIÈRE.

GARDEN, en mascarille; SHEBEL, en gros reine, et RANDAL, en scapin; puis LE DOCTEUR RANSPACH.

RANDAL.

C'est splendide ici, messieurs!

SHEBEL.

Tu peux dire princier !... Et c'est la vérité que le château des comtes de Stramberg est une des merveilles de Munich.

GARDEN.

Aussi, devons-nous des remerciements à notre ami Karl, pour nous avoir fait inviter par son père.

SHEBEL.

Sait-on à qui il faut attribuer l'idée de cette fête avec masques et costumes ?

GARDEN.

Eh! mais, à Karl lui-même, à ce qu'il paraît... La fête de convalescence de M. le comte de Stramberg arrivant justement à une époque de carnaval, il a pensé que tous ceux qui aiment à courir les masques feraient peut-être défaut à sa fête, et, pour les y attirer, il a invité le carnaval lui-même. Mais, à propos, quel personnage doit-il représenter, notre ami Karl ?... le sait-on ?

RANDAL.

Non, tantôt il était encore indécis,

GARDEN.

Et notre cher Ary?

SHEBEL.

Oh ! si le malade, auprès duquel il a été appelé, lui permet de venir se mêler à nos joies, et si Ary se décide à revêtir un costume, ce sera certainement celui de quelque figure mélancolique ; car depuis qu'Ary est devenu immensément riche en héritant de son bon oncle Beckmann, et qu'en même temps il est devenu glorieux, envié et fêté, on ne l'a guère vu plus gai qu'au temps de son obscurité et de sa misère.

GARDEN.

Il est heureux, pourtant. On rend justice à son talent; il fait tout le bien qu'il rêvait de faire; sa mère, qui a voulu rester dans sa vieille maison réparée, est adorée comme la charité elle-même. Que lui manque-t-il donc?

SHEBEL.

Eh! plus rien, messieurs!... et voilà justement pourquoi il est triste.

RANDAL.

Eh! oui, parbleu!

GARDEN.

Vous n'y êtes pas, messieurs, et j'ai deviné, moi, la cause de la mélancolie de notre cher Ary. Il est enfin amoureux!

SHEBEL.

Ah! le pauvre garçon! (Regardant au fond.) Eh! mais... quel est donc ce grotesque personnage qui s'avance vers nous, une lyre à la main? (Riant.) Eh! par Jupiter!... c'est le docteur Ranspach!

RANSPACH descend; il est en Apollon et porte une lyre.

Vous vous trompez, monsieur, c'est Apollon!

RANDAL, l'examinant.

C'est, ma foi, vrai!

RANSPACH, papillonnant.

Oui, messieurs, je suis le dieu de la poésie, de la médecine, de la musique et des arts. Je viens de tuer le serpent Python.

GARDEN, bas, à Randal.

L'humanité ne lui suffit plus.

RANSPACH.

Et je cherche quelque Daphné pour lui apprendre l'amour.

SHEBEL, riant.

Tous les talents!

GARDEN.

Ah çà! qu'est-ce qu'on dit donc par la ville, docteur? que vous voulez vous retirer?... vous reposer?

RANSPACH.

C'est en effet mon intention; oui, depuis ma dernière maladie, je me sens fatigué... J'ai besoin de repos, et je suis décidé à laisser la place aux autres.

GARDEN.

Au docteur Kœrner, par exemple!

RANSPACH.

Oui, au docteur Kœrner... Ce jeune homme me doit déjà beaucoup, je veux qu'il me doive plus encore. Je le suivrai dans sa route, je m'attache à lui.

SHEBEL, riant.

C'est le moment, il monte.

RANSPACH, saluant.

Pardon, monsieur, mais je n'ai pas l'honneur...

SHEBEL, saluant aussi.

Shebel, ou... Mascarille, monsieur Ranspach!... Oh! je vous connais bien, moi, docteur; tant de gens m'ont parlé de vous!

RANSPACH, flatté.

Vraiment?

SHEBEL, gravement.

Oui... des gens en deuil.

RANSPACH, blessé.

Plaît-il?... (A part.) Ah çà! mais ce monsieur est donc chargé de l'intérim du baron?

GARDEN.

Ah! voici monsieur le comte de Stramberg!

SCÈNE II.

LES MÊMES, LE COMTE DE STRAMBERG, puis LUTZ, KARL et MARGUERITE.

(Le comte est en habit de bal.)

GARDEN, saluant.

Salut au noble comte, notre hôte généreux! Qu'il reçoive tous nos remerciements pour son hospitalité presque royale!

SHEBEL.

Et nos félicitations sur la splendeur de sa fête!

RANSPACH.

Ces messieurs parlent pour moi, monsieur le comte.

LE COMTE.

Messieurs, permettez-moi de vous féliciter à mon tour, pour la façon dont vous avez accepté l'idée un peu fantasque de mon cher Karl.

RANSPACH, se montrant.

On a fait ce qu'on a pu... vous voyez Apollon... (Il montre son costume.)

LE COMTE, souriant.

En effet... (Aux jeunes gens.) Vous, messieurs, vous avez emprunté à la France, et vous êtes devenus des valets de Molière, c'est du goût...

UN VALET, annonçant.

Le chevalier don Quichotte et la bohémienne Mignon..

(Entrent Marguerite et Karl, déguisés aussi, l'un en don Quichotte, l'autre en Mignon. Tous deux s'avancent vers le comte.)

LE COMTE.

Chers enfants, je vous avais reconnus avant de vous voir... vous êtes charmants tous les deux! (Karl va à ses amis.)

RANSPACH.

Don Quichotte!... rien ne va mieux au caractère du chevalier... Quant à mademoiselle, elle est adorable ainsi... (Marguerite s'incline d'un air distrait, ses yeux semblent chercher quelqu'un.)

KARL, bas, en souriant.

Patience, petite sœur, il va venir.

LE COMTE, après avoir serré la main de Karl, à Marguerite.

Embrassez-moi, ma belle petite bohémienne!

MARGUERITE, l'embrassant et à voix basse.

Vous vous rappellez, n'est-ce pas, mon père, la promesse que vous m'avez faite?...

LE COMTE.

Oui. Lorsque tu m'as avoué ton amour, Marguerite, et lorsque ton frère m'a supplié de consentir à une union entre la fille des comtes de Stramberg et le docteur Ary, je vous ai répondu à tous deux que j'honorais M. Kœrner autant que je l'aimais : non pour m'avoir sauvé la vie, qu'est-ce qu'une vie usée comme la mienne? .. mais pour avoir guéri une intelligence... (Il montre Karl.) Pour m'avoir rendu un homme au lieu d'un enfant. Je vous ai dit aussi que, pour donner au docteur Kœrner ma douce Marguerite, je romprais, sans regret, avec des préjugés de race.

KARL.

Vous avez même ajouté, mon père, qu'une grande famille ne se mésalliait point en accueillant un maître de la science, et que c'était une noblesse nouvelle que l'on greffait sur la tige vieillie.

LE COMTE.

Je m'en souviens, Karl, et je me souviens aussi que je vous ai promis de faire un suprême effort auprès de M. de Lambech, pour lui reprendre ma parole.

KARL.

Eh bien! mon père?

LE COMTE.

Eh bien, je crois pouvoir le décider à me la rendre.

MARGUERITE.

Quel bonheur!...

KARL.

Mais, comment?

LE COMTE.

Le baron, m'a-t-on dit, a perdu au jeu, dans une de ces dernières nuits, des sommes immenses, sa fortune peut-être.

KARL.

Oh! je crois vous comprendre!

MARGUERITE.

Moi aussi, mon père.

LE COMTE.

Silence, mes enfants... Espère, Marguerite... Je t'ai dit

qu'aucun sacrifice ne me coûterait pour assurer ton bonheur... Eh bien, je te le prouverai demain.

MARGUERITE.

Est-ce que le baron ne doit pas venir à cette fête?

LE COMTE.

Non, je ne le crois pas, et c'est pourquoi tu me vois souriant, ma fille, et plus heureux que je ne l'ai été depuis bien
des jours.

UN VALET, annonçant.

Le capitaine Satan!... (Le comte frissonne; le baron entre.)

MARGUERITE, à part.

Lui!

SCÈNE III.

LES MÊMES, LE BARON. Son costume doit rappeler celui du Méphisto-
phélès de Faust, avec l'épée au côté. MAITRE LUTZ entre un peu après;
il porte le costume du Misanthrope.

LE COMTE, chancelant à la vue du costume du baron.

Oh!...

LE BARON.

Monsieur le comte, je vous salue; mais, qu'avez-vous donc
à me regarder ainsi?... je n'ai pourtant pas l'air de tomber du
ciel avec ce costume-là!... Oui, oui, vous ne vous trompez
pas, c'est bien celui que vous portiez dans une fête pareille...
j'ai eu l'idée de m'en revêtir ce soir... je ne sais trop pourquoi... Ah! à moins pourtant que ce ne soit... (D'un ton singulier.) pour donner plus de poids aux choses que j'ai à vous
dire... (Mouvement du comte. — Haut.) Mais nous parlerons de cela
tout à l'heure. (Il s'éloigne.)

LE COMTE, à part.

Je devine... et l'on ne m'avait pas trompé... M. le baron de
Lambech, joueur malheureux, a besoin aujourd'hui de la
dot de Marguerite; eh bien... (Comme prenant une détermination.)
cette dot, on la lui comptera!..

LE BARON, s'inclinant devant Marguerite pour lui baiser la main.

Mademoiselle!... (Marguerite retire sa main avec effroi. Le baron souriant.) Qu'avez-vous, ravissante Mignon... mon personnage
aurait-il le malheur de vous déplaire?... Ah! dame!... je ne
pouvais pas vous apparaître en archange Gabriel, moi...

KARL, d'un ton un peu provoquant.

Certes, le capitaine Satan vous sied mieux.

LE BARON.

N'est-ce pas?...

RANSPACH.

Vous êtes tout à fait infernal, monsieur le baron.

LE BARON, se retournant.

Ah! bonsoir, dieu du jour; car... c'est vous Apollon?...

RANSPACH, flatté.

Ah! vous reconnaissez?...

LE BARON.

Oui, on m'a prévenu; vous en avez jusqu'à la lyre!... une sinécure que vous lui donnez là!...

RANSPACH, d'un ton pincé.

Je chanterai vos vertus...

LE BARON.

Bravo, docteur!... vous pouvez vous en aller maintenant; ce serait même prudent.

RANSPACH.

Eh bien, pourquoi donc ça?...

LE BARON.

Parce que vous ne retrouverez pas, de toute la nuit, une saillie aussi piquante.

RANSPACH, piqué.

C'est ce qu'il faudra voir, monsieur.

LE BARON.

Eh bien! nous verrons... (Se retournant.) Eh! mais, c'est maître Lutz! vingtième retour du cousin prodigue, plein d'appétit pour le vingtième veau gras.

LUTZ, qui a salué le comte, au baron, avec humeur.

Monsieur le baron, ces paroles!... (S'adoucissant devant le regard du baron.) Il est vrai que... dans un bal masqué...

LE BARON, riant.

Bal masqué, oui. Mais vous n'êtes pas déguisé, vous?...Sous cet habit couleur de bile, vous êtes bien toujours le misanthrope que nous connaissons. (Lutz, vexé, se détourne de lui.)

LE BARON, regardant autour de lui.

Mais... je ne vois pas notre illustre docteur Kœrner!

KARL, sèchement.

Mon ami Ary Kœrner est, à cette heure, au chevet d'un malade, monsieur le baron.

LE BARON.

Eh! qu'il l'expédie donc bien vite, alors, et qu'il revienne. (A Ranspach.) Vous seriez déjà revenu, vous?

RANSPACH.

Monsieur le baron!

LE BARON.

Allons, vite, un mot, Apollon : voilà une occasion. (Ranspach veut répondre et ne trouve rien.) Vous voyez bien? (Ranspach lui tourne le dos.) Ce cher M. Kœrner, quel personnage aura-t-il choisi? Un de ceux des *Mille et une Nuits*, sans doute... Aladin, par exemple!... (Regardant Marguerite pendant qu'il parle.) Aladin! cet obscur enfant d'une pauvre veuve, qui, tout à coup, devient riche comme l'Asie, et plus puissant qu'un souverain, à l'aide d'une lampe merveilleuse! (Sur un mouvement de Marguerite. A part.) Décidément, c'est un rival! (Haut, continuant.) M. Ary Kœrner a vraiment fait un songe pareil... Hier encore, pauvre et ignoré, il est riche aujourd'hui... célèbre même.

KARL, qui a remarqué ce que souffre Marguerite, et avec d'autant plus d'aigreur.

C'est que mon ami Kœrner avait aussi son talisman!... Sa lampe merveilleuse à lui... c'est la science!

LE BARON, sans lui répondre, à Ranspach.

Eh bien, vous n'auriez pas trouvé cela, vous?...

RANSPACH, à part.

Allons!... il a inventé une nouvelle manière de me persécuter!

LE BARON.

Voyons, Apollon! ne trouverez-vous donc rien?... Dites-nous... n'importe quoi, et, si cela ne vaut la peine d'être dit, chantez-le... chantez-nous quelque chose... chantez le vice ou la vertu, la haine ou...

UN VALET, annonçant.

L'Amour!

LE BARON.

L'amour, c'est mieux.

KARL, regardant la nouvelle venue qui entre, à part.

Dieu! qu'elle est belle!

LE BARON, à Ranspach.

Ah! ma foi! vous ne rencontrerez jamais une meilleure occasion, car voici, par l'enfer!... une admirable créature!

LES JEUNES GENS.

En effet... admirable!...

RANSPACH, dans le ravissement.

Oh!... oui, c'est... c'est...

LE BARON.

Et voilà tout? Ah! c'est parbleu bien la peine d'avoir une lyre. (Ranspach, humilié, lui tourne le dos. — L'Amour est descendu, conduit par le comte.)

SCÉNE IV.

LES MÊMES, L'AMOUR.

(La femme, ainsi annoncée, est vêtue d'une courte tunique, avec les jambes nues. Elle porte, comme un masque, un bandeau de velours noir qu'elle a quitté en voyant le comte venir à elle. Son arc et son carquois sont suspendus entre ses épaules. Elle tient à la main une de ses flèches, dont la pointe est d'or et les empennes de diamants. Quand elle paraît, sensation. On entend sonner minuit.)

LE COMTE, qui a amené l'étrangère.

Madame, je n'ai pas la joie de vous connaître; je doute même avoir eu l'honneur de vous inviter, mais vous ajoutez trop d'éclat à cette fête, pour que tout le monde ici ne vous remercie pas comme moi.

L'AMOUR.

Je savais, monsieur le comte, être accueillie chez vous par la plus chevaleresque courtoisie... Il est vrai qu'on m'invite rarement, et que vous m'aviez oubliée; mais j'ose aller partout, moi, habituée que je suis à ce qu'on ne me renvoie jamais. (En disant ces derniers mots, son regard s'est, par aventure, arrêté sur Ranspach.)

RANSPACH, galamment.

Certes, madame, ce n'est pas moi qui serais capable de...

L'AMOUR, souriant.

Oh! je le sais, docteur... je vous connais.

RANSPACH.

Quoi! madame... je serais assez heureux?... et... où, je vous prie, eus-je l'honneur de vous rencontrer?

L'AMOUR.

Oh! chez presque tous vos clients, docteur; nous y entrions toujours ensemble.

RANSPACH, intrigué.

En vérité!... (L'Amour lui rit au nez et lui tourne le dos.)

L'AMOUR, à Shebel, qui lui offre un siége,

Merci... je ne me repose jamais.

SHEBEL, riant.

C'est juste, l'Amour!

L'AMOUR, au comte.

Monsieur le comte, ce bal est d'une magnificence et d'une ingéniosité rares... (Désignant Marguerite.) Et en voici la plus radieuse lumière.

MARGUERITE, honteuse.

Madame...

KARL, à part.

Qu'a donc cette femme? Je me sens attiré vers elle, et mes regards ne peuvent la quitter.

SHEBEL, s'avançant.

Ma foi, madame, moi, j'ai beau chercher, je suis bien sûr de n'avoir jamais eu la gloire de vous rencontrer.

RANDAL, GARDEN ET LE BARON.

Ni moi... ni moi... ni moi!

L'AMOUR, souriant.

En effet, mes jeunes cavaliers, vous n'avez rencontré jusqu'ici que mon frère, le Plaisir, ou mon frère le Caprice.

MARGUERITE, avançant la main vers la flèche que tient l'Amour.

Quel ravissant bijou!...

L'AMOUR, écartant la flèche de Marguerite et souriant.

Oh! prenez garde, Mignon!... Craignez les flèches de l'Amour.

SHEBEL.

Pardon, madame, mais puisque vous n'êtes ni le Plaisir, ni le Caprice... quel Amour êtes-vous donc?

L'AMOUR, jouant avec sa flèche.

Celui que bien peu de femmes ont connu, et qu'aucun homme ne connaîtra jamais!... Je suis... l'Amour qui tue!

MARGUERITE, avec un cri.

Ah!...

LE BARON.

Voilà une conquête que je ne veux pas faire.

GARDEN, à Shebel.

Les paroles de cette femme font froid au cœur.

LE COMTE, s'avançant.

Madame, je me vois forcé de vous fuir. Fuir l'Amour à mon âge, c'est un crime pardonnable; mais voici mon fils Karl qui me remplacera auprès de vous.

L'AMOUR, saluant.

Monsieur le comte!...

LE COMTE, bas au baron.

Monsieur le baron, je désirerais vous parler sur-le-champ.

LE BARON.

A vos ordres, monsieur le comte... J'avais remis toutes choses à la fin de votre convalescence, et votre convalescence a été longue!... Jugez si je dois avoir hâte de...

LE COMTE.

Venez donc, alors... (On entend au loin le prélude d'une valse. — Le comte et le baron saluent et remontent.)

L'AMOUR.

Belle Mignon... (Aux jeunes gens.) Et vous, messieurs, la valse vous appelle, que je ne gêne en rien vos plaisirs... Allez! (Elle leur montre le fond.)

SHEBEL.

C'est un congé?

L'AMOUR.

C'est une permission.

SHEBEL.

Alors, nous vous reverrons?

L'AMOUR.

Certes! une fois encore... (Froidement.) C'est écrit!...

RANSPACH.

Madame... je... croyez bien que... certes... j'ai l'honneur de vous saluer! (A part.) Ce diable de baron avait raison... J'aurais dû m'en aller tout de suite. (Tous sortent de divers côtés; Garden donnant le bras à Marguerite.)

SCÈNE VI.

L'AMOUR, KARL.

KARL, qui ne l'a pas quitté des yeux, s'approchant.

Tu ne m'as rien dit, à moi, voix de l'Amour?

L'AMOUR, souriant.

Eh bien, si tu le veux, nous feuilleterons ensemble le livre de ta vie.

KARL.

Ce livre, tu ne crains pas qu'il t'ennuie?

L'AMOUR.

Non... D'abord, s'il m'ennuie, je le fermerai. (Après un temps.) Dis moi, tu as beaucoup aimé, n'est-ce pas?

KARL.

C'est-à-dire beaucoup souffert; j'ai cru ressentir l'Amour qui tue... je vis cependant.

L'AMOUR, riant.

Encore une fois les hommes ne meurent pas d'amour.

KARL.

Il faut bien le croire! car, ayant pris la vie en haine, j'ai cherché la mort dans les duels, dans les excès de la vie, partout...

L'AMOUR.

Enfant!

KARL.

Et jamais la mort n'a voulu de moi. (S'arrêtant.) En veux-tu, toi, Amour?...

L'AMOUR.

Tu souffres donc toujours?...

KARL.

Non! car j'ai un ami qui m'a soutenu, qui m'a renouvelé. Il a fait de moi un savant comme lui, pas si grand, pourtant, non! Voilà un homme! On l'appelle le docteur Kœrner; le connais-tu?

L'AMOUR.

Beaucoup!

KARL, changeant de ton.

Oh! pardon, madame!... Est-ce qu'il vous aime?

L'AMOUR.

Lui? Il m'a en horreur!

KARL.

Eh bien, tant mieux!... Ce n'est donc point parce que je suis malheureux que je veux me donner à toi, c'est parce que tu es belle, parce que tes bras blancs donnent l'idée et le désir d'un repos plein de volupté, parce que... (Il va lui prendre le bras, il s'arrête en la voyant se détourner.) A propos, madame, êtes-vous bien sûre de m'écouter? Ah! vous êtes bien la femme la plus originale du monde.

L'AMOUR, souriant.

Oui... comme femme, je ne crois pas que tu en rencontres deux comme moi! (Elle se détourne encore; la valse est alors très-animée. — Des groupes passent au fond en tournoyant.)

KARL.

Tu regardes cette foule joyeuse; spectacle charmant qu'un

bal, n'est-ce pas? (Entr'ouvrant la fenêtre.) Au dehors, le ciel noir, la neige qui tombe; au dedans, à travers l'harmonie, les parfums et les gerbes de flamme, la vie qui éclate, centuplée par le plaisir! (En ce moment, l'Amour étend plusieurs fois du côté des valseurs sa main qui tient la flèche d'or.)

KARL, étonné.

Çà, mais que faites-vous donc?

L'AMOUR, souriant.

Ne prends pas garde. Je remarque des gens que je dois aller visiter bientôt; par exemple, tiens, cette belle jeune fille qui semble tant aimer le bal, et qui valse au bras de son fiancé.

KARL, souriant.

Amour qui tue, te connaîtra-t-elle donc?

L'AMOUR.

Peut-être!

KARL.

Oh!...

L'AMOUR.

Ne la plains pas!... Elle serait bien plus malheureuse si elle vivait, car elle n'est pas aimée. On ne soupire que pour sa dot, elle le saurait demain. En mourant aujourd'hui, elle s'envolera avec ses illusions. Comme Ophélie, dont elle a pris le nom ce soir, elle mourra... en cueillant des fleurs.

KARL, avec feu.

Femme, fantôme, fantaisie, qui es-tu? Je l'ignore, et ne demande pas à le savoir; mais ce que j'éprouve auprès de toi, je ne l'ai jamais éprouvé auprès d'une autre.

L'AMOUR, souriant.

Je le crois!

KARL.

Raille, raille. Je sais bien que tu joues le rôle que t'imposent ton carquois et ton bandeau, et, cependant, en m'effrayant, tes paroles m'enivrent, et je te dirai que je t'aime!... dusses-tu me railler encore, et... je t'aimerai!... dusses-tu me faire souffrir...

L'AMOUR, riant.

Oh! don Quichotte!

KARL.

Oui, je t'aime! Tu es belle de la beauté qui me charme; belle comme le danger, comme le vertige!... Tiens, Amour, touche-moi de ta flèche d'or. (Elle détourne sa flèche.) Ouvre-moi les bras. (Elle se recule.) Donne-moi un baiser. (Elle le fuit.) Ah! mais... je vous déplais donc, madame?

L'AMOUR.

Tu ne me plais pas encore.

KARL.

Mais... te plairai-je?

L'AMOUR.

Plus tard.

KARL.

Bientôt?

L'AMOUR.

Ah ! je ne sais pas moi-même.

KARL.

Oh ! vous m'aimerez, n'est-ce pas? D'abord, je ne pourrais plus vivre sans vous !

L'AMOUR, le regardant de côté.

Oh! la jeunesse !

KARL.

Vous riez; mais vous n'avez pas dit non. En valsant, vous direz oui peut-être. Allons, voulez-vous?

L'AMOUR.

Allons... (Ils s'éloignent en causant par le fond. Ary et Shebel entrent par une autre porte de la galerie.)

SCÈNE VII.

ARY, SHEBEL.

(Tous deux entrent vivement.)

SHEBEL.

Qu'as-tu donc, mon cher Ary ? En vérité, il y a longtemps que je ne t'avais vu si joyeux.

ARY.

C'est que depuis longtemps, Shebel, je ne m'étais pas senti tant d'espérance! Tiens, ce que j'éprouve, je ne l'avais pas éprouvé depuis l'heure bienheureuse où le comte de Stramberg a pu se lever de son lit de souffrance et marcher plein de force au-devant de ses enfants. Schebel! maintenant j'espère. Ce malade au chevet duquel j'ai été appelé, je réponds de lui; car je ne l'ai pas vue, elle!

SHEBEL, étonné.

Qui? elle ?...

ARY, se troublant.

Rien, rien; je divague.

SHEBEL.

Mais tu pâlis...

ARY, souriant.

La fatigue... Je suis brisé!... Et puis cette chaleur, ces lumières... Je vais me reposer ici quelques instants; va, Shebel, va dire à nos amis qu'Ary Kœrner est heureux, et qu'il les aime.

SHEBEL.

A bientôt! (A part.) Qu'a-t-il donc ? (Il s'éloigne.)

SCÈNE XIII.

ARY, seul, puis KARL et L'AMOUR, et ensuite MARGUERITE.

ARY, avec une sorte de fièvre.

Non, non, elle n'était pas là!... Depuis un mois, je ne l'ai pas revue... Dieu pardonne... elle s'est éloignée... pour jamais. N'est-ce pas, mon Dieu, que tu n'auras pas à m'infliger le châtiment de mon pacte avec elle?... N'est-ce pas que je ne la verrai plus? (Comme il finit ces mots, Karl et l'Amour passent en valsant. Le masque de l'Amour tombe à terre. Ary, voyant un masque tomber, s'avance et le relève en même temps que, pour le relever, Karl quitte sa valseuse. Allant pour rendre le masque et reconnaissant la Mort. A part, avec un cri étouffé.) Ah! c'est elle! elle!... Pour qui vient-elle donc?

KARL, avançant la main en reconnaissant son ami.

Merci, Ary, d'être venu.

ARY.

Karl! toi! (A lui-même.) Est-ce pour lui? (Voyant entrer Marguerite.) Marguerite! Est-ce pour elle?

MARGUERITE, venant à lui.

Monsieur Kœrner!

KARL.

Enfin, te voilà, toi!

ARY, à part.

Oh! j'ai peur!...

L'AMOUR, rattachant son bandeau.

Salut au célèbre docteur Kœrner!

KARL, gaiement.

Ary, je te présente la reine du bal! (Se désignant.) Et l'un de ses plus fidèles sujets. (Bas.) Elle est adorable! J'en suis fou!

ARY, avec épouvante.

Karl!

KARL, gaiement.

Serais-tu jaloux? (Mettant la main à son épée.) Par ma dulcinée! je voudrais bien voir!

L'AMOUR, à Marguerite.

Vous ne dansez pas, chère enfant?

MARGUERITE.

Non, madame. (L'Amour fait encore un pas vers Marguerite; Ary se jette entre elles.)

L'AMOUR, bas et en riant.

Pauvre amoureux!...

ARY, de même.

Que viens-tu donc faire ici?

L'AMOUR.

Tu es bien curieux !... (Ici la valse change ; des voix ont remplacé les instruments.)

KARL, gaiement.

Ah ! la valse reprend... et chantée, cette fois... c'est un enivrement nouveau !... Venez, madame, vous m'appartenez comme je vous appartiens ! (Il l'enlace dans ses bras.)

ARY, avec effroi.

Karl, reste avec nous !... Karl !... (Mais Karl ne l'entend plus ; Karl et l'Amour s'élancent de nouveau au milieu des valseurs, et bientôt disparaissent avec eux.)

SCÈNE IX.

ARY, MARGUERITE.

ARY, à part, avec une agitation fiévreuse.

Elle !... elle encore !... elle toujours !... Ainsi donc, à tout instant je tremblerai de voir le fantôme se dresser devant moi !... et à cette existence de damné, j'oserais vouloir lier une vie angélique comme celle de... Non, non, c'est impossible ! Quand le baron de Lambech lui-même se laisserait toucher, elle ne se laissera pas fléchir, *elle !*... Oh ! ma raison se trouble... je deviendrai fou !...

MARGUERITE, à part.

Il ne me dit rien... il croit tout perdu, et je n'ose lui dire mon espoir !... S'il ne se réalisait pas ?

ARY, à lui-même.

Allons, du courage !... Chère Marguerite, je dois te dire adieu !

MARGUERITE, timidement.

C'est joli, n'est-ce pas, monsieur Kœrner, ces voix qui mènent la danse ?

ARY, d'une voix tremblante.

Oui, la valse, les voix en chœur, l'amour, les longues résignations, tout cela devrait naître dans notre Allemagne !...

MARGUERITE, après un temps.

Ary, vous êtes triste !

ARY.

Oui, Marguerite, je suis triste, et mon âme est brisée !... Car il me faut partir, m'éloigner de vous !

MARGUERITE.

Partir ?... vous, partir ?... (Avec douleur.) Oh ! l'ingrat !...

ARY, avec passion.

Marguerite !... Marguerite, croyez-moi... il n'y a... il n'y aura jamais dans mon cœur que deux femmes : ma mère et vous ! Vous resterez les deux pôles de ma vie... vous deux qui êtes pour moi toute la femme, toute la vertu, tout l'amour !...

MARGUERITE, doucement.

Mais alors...

ARY.

Marguerite, ce moment est suprême, il va s'envoler... Laissez-moi dire... laissez-moi tout dire... je pars demain!... Je vous ai vue, je vous ai adorée!... comme un songe d'abord... quand, ensuite, j'ai touché la réalité en touchant votre main, j'ai senti que mon âme tout entière s'en allait en vous, et cependant... je pars demain!

MARGUERITE.

Ary! oh! Ary !...

ARY.

En partant, je vous laisse mon âme, et j'emporte, à la place, une idée divine. C'est que, ne fût-ce qu'un jour, qu'une heure, qu'une minute, vous m'avez aimé!... Ce qui nous est promis en ce monde, le ciel seul le tient. J'attendrai l'heure du ciel, moi qui aurai goûté près de vous l'unique bonheur humain : l'espérance!... Qu'un autre vous épouse, puisqu'il le faut ainsi! Moi, en m'éloignant, j'aurai emporté au fond de moi-même une Marguerite que nul ne connaîtra plus... un ange dont le souvenir enivrera éternellement mon âme de joies inouïes. (Avec désespoir.) Marguerite!... Oh! mon Dieu !... Je voulais ne rien vous dire de mon amour; mais il est plus fort que mon courage...j'y succombe!... Pardon!... pardon!... c'est fini... je pars demain !...

MARGUERITE, heureuse.

Non, vous ne partirez pas! Je vous écoutais dire, tout à l'heure; c'est que, d'abord, j'avais cru que vous ne m'aimiez pas; je vous ai laissé dire ensuite sans vous interrompre, parce que je vous écoutais avec délices; et tout ce que vous me disiez, Ary, de tendre et de sincère, mon âme reconnaissante vous le répétait tout bas!...

ARY, du ton de la prière.

Marguerite!... ma bien-aimée!... taisez-vous... je suis si faible déjà !

MARGUERITE.

Non ; à mon tour de laisser parler mon cœur!... Mais, comprenez bien, si je vous avoue ce soir que je vous aime, Ary, c'est que je l'ai avoué à mon père ce matin.

ARY.

A votre père?...

MARGUERITE.

Oui; et il m'a dit : « Espère!... » Et je vous dis : Espérez !...

ARY, à part.

Mon Dieu, cela se pourrait !... Mais oui, oui, et c'est le ciel qui m'éclaire !... Mon amour doit protéger Marguerite; quelque chose me dit maintenant que la mort n'oserait pas la prendre entre mes bras. (Haut.) Oui, je veux espérer !... J'espère, Marguerite! (Avec passion.) Oh! vous ne savez pas encore comme je vous aime!

MARGUERITE.

Si, je le sais, et j'en suis heureuse; heureuse sans trouble et sans remords!... et il me semble que ce sera un moment à m'évanouir de joie, le moment où j'oserai vous dire : Ary, mon cher maître et mon vrai seigneur, je t'aime!

ARY.

Et c'est à moi qu'elle parle ainsi!

MARGUERITE.

C'est comme votre nom : Ary! qu'il était doux à répéter dans mes solitudes!... Ary! il y avait ma vie heureuse dans ces trois lettres-là; et quand mon père les prononçait devant moi, ou bien mon frère, je leur sautais au cou; ils me regardaient, et je devenais toute rouge.

ARY, fait asseoir Marguerite, et, le coude appuyé sur le dossier du fauteuil, il la regarde avec ravissement; là, il lui dit d'un ton passionné.

Oh! parle, parle encore!

MARGUERITE.

Ah! je vous aime!... je vous aime!... Entendez-vous ce motif de valse qui revient là? Écoutez-le bien! Plus tard, quand nous serons mariés, si je vous vois triste, je vous le jouerai, moi, et le souvenir du moment où nous sommes, et où, pour la première fois, je vous aurai dit : Je vous aime...

ARY.

Ce souvenir-là, Marguerite, refleurira mon paradis, et...

MARGUERITE.

Chut! je suis sortie seule ce matin; savez-vous où je suis allée?... Non... rue du Chemin-Rouge, chez madame Catherine Kœrner. Je lui ai tout dit; je lui ai fait conter votre enfance, vos études, vos douleurs, et j'étais toute fière! Et quand je l'ai quittée, je lui ai dit: « Ma mère!... » et elle m'a dit : « Ma fille!... » Et, tout d'un coup, nous avons eu nos yeux pleins de larmes! (Peu à peu, Ary s'est laissé glisser à genoux devant Marguerite. Il lui prend les deux mains et les porte à ses lèvres.)

ARY.

Oh! quelles espérances!... quel avenir d'amour!... (A ce moment, la partie de chant vient de recommencer, cette fois en sourdine. — Aux premières mesures, Ary, sans quitter les mains de la jeune fille, a laissé tomber son front sur ses genoux, et Marguerite a penché sa tête sur celle d'Ary prosterné; c'est alors, pendant le chant, et pendant cette sorte d'extase des deux amants, qu'on voit au fond passer la Mort, c'est-à-dire l'Amour. — L'Amour s'arrête un instant, les regarde en souriant, et s'éloigne lentement par la droite.)

MARGUERITE, comme sortant d'un rêve.

Oh! mon ami, nous devons parler à mon père!

ARY, apercevant le comte qui arrive par le fond.

Marguerite!... (Bas.) Le voici!

SCÈNE X.

LES MÊMES, LE COMTE DE STRAMBERG, puis KARL.

MARGUERITE, au comte.

Monsieur le comte, M. Kœrner voulait partir demain. Ce que j'ai dû lui dire pour l'en empêcher fait de moi sa femme devant Dieu. Dites-lui vous-même que... (Remarquant le trouble et la pâleur du comte.) Mais, mon père, vos traits sont bouleversés. (Silence.) Oh ! mon Dieu !... cette espérance que vous aviez...

LE COMTE.

Cette espérance, ma fille... je ne l'ai plus. Croyant bien connaître M. de Lambech, je voulais lui offrir ma fortune... tout entière, à la condition qu'il me rendît ma parole... M. de Lambech a gardé ma parole, et il refuse ma fortune.

MARGUERITE.

Oserait-il dire qu'il m'aime ? (Le comte incline la tête. — Avec indignation.) Il ment, il ment, mon père !

LE COMTE, avec des sanglots.

O ma pauvre enfant ! ma pauvre enfant !

ARY, étonné.

Vous pleurez, monsieur le comte, et c'est vous qui...

LE COMTE, accablé.

Oui, c'est moi qui dis à Marguerite : Il faut que tu épouses le baron de Lambech. (Karl paraît au fond.)

MARGUERITE, appuyant.

Maintenant, mon père ?... maintenant que j'ai dit à M. Kœrner que je l'aimais ?... C'est impossible !

LE COMTE, courbant la tête.

Il le faut !

MARGUERITE, avec résolution, quoique avec respect.

Pardon, monsieur le comte : avant de connaître Ary, j'étais prête à vous obéir, et puis j'en serais morte, sans même vous demander compte des causes de ma mort ! Je suis prête encore à faire votre volonté ; mais... maintenant, après mes fiançailles avec le docteur Kœrner, si je dois mourir encore, ah !... mon père... je peux bien vous demander au moins... pourquoi ?

ARY, s'inclinant.

Pardon, monsieur le comte ! Mais... si le mariage que vous voulez imposer à mademoiselle de Stramberg peut abréger sa vie, c'est un devoir, il me semble, de vous demander, moi aussi... pourquoi ?

KARL, s'avançant alors.

Mon père, je vous aime et je vous révère... mais... vous allez exposer la vie de ma sœur !... Pourquoi, mon père ?

LE COMTE.

Pourquoi !... Je voulais le cacher toujours... mais Dieu ne permet pas que de certains secrets descendent dans la tombe avec de certains coupables !... Il faut qu'ils éclatent tôt ou tard, c'est le châtiment.

KARL, bas, au comte.

Où donc y a-t-il un coupable ici ?

LE COMTE, aussi à demi-voix, courbant la tête.

Devant vous.

ARY, chant pour se retirer.

Monsieur le comte !

LE COMTE.

Non, restez, je le veux ! Vous, Karl, reconduisez votre sœur... (A voix basse.) C'est assez pour moi de rougir devant vous !...

KARL.

Taisez-vous, mon père, taisez-vous !

MARGUERITE, inquiète.

Qu'y a-t-il donc ?

LE COMTE, avec effort.

Tu le sauras... plus tard !... Veux-tu m'embrasser, Marguerite ?

MARGUERITE, se jetant dans ses bras et l'embrassant.

Mon père !...

LE COMTE.

Merci... Va, va ! (Karl reconduit Marguerite.)

SCÈNE XI.

LE COMTE, KARL, ARY.

LE COMTE, à Ary.

Mon ami, fermez un instant ces portes. (Ary obéit. — Karl redescend.)

KARL.

Nous vous écoutons, mon père.

LE COMTE, comme à lui-même.

Oui, je dois parler, il le faut !... (A Ary et à Karl après un temps.) Il s'agit pour moi d'une confession bien douloureuse !... car... mon premier aveu va déjà m'abaisser devant vous, Ary ; devant vous, mon fils !... (Après un temps.) Jeunes gens !... l'homme austère que vous avez vu toujours honoré de l'estime de tous, le comte de Stramberg a été un joueur et un débauché.

KARL.

Vous parlez d'un homme que je n'ai pas connu, monsieur le comte, et qui n'a rien de commun avec mon père bien-aimé !

ARY.

Je ne connais, moi, monsieur, qu'un comte de Stramberg, celui que chacun vénère.

LE COMTE, amèrement.

Attendez!... (Après un temps.) Parmi mes compagnons de jeu, de mascarades et d'orgie, les premiers, c'étaient : Beckmann, devenu, en vieillissant, l'homme que vous avez connu, et... le baron Dietrich de Lambech, le père du baron actuel. Dietrich était le plus âgé d'entre nous. Au temps dont je parle, c'est-à-dire au temps de mon mariage, il était veuf, il était père, et, déjà, en vices et en fourberie, son fils, qui n'avait que vingt ans, l'aurait surpassé lui-même. Il l'a surpassé!

KARL.

Cet homme!... Comme ma haine l'avait bien deviné!

ARY.

Notre haine!...

LE COMTE ; continuant.

Je me mariai. En épousant votre mère, Karl, je méconnus un grand caractère, un cœur plein d'amour, et le mariage n'interrompit point ma folle vie. Une nuit, Beckmann donnait une fête où chacun devait porter un costume de son choix. Il y parut un homme, le plus fou, le plus ardent de tous, qu'on annonça par ces mots : *Le capitaine Satan!* (Mouvement de Karl et d'Ary.) Attendez!... Ce costume infernal, avec l'épée au côté, l'homme... dont je parle... le portait donc chez Beckmann... Vers le milieu de la nuit, il était assis à une table de jeu, dans un salon écarté, en tête-à-tête avec le baron de Lambech, vêtu, lui, de soie et de velours, sans armes... Tous deux... tous deux...

ARY.

Courage, monsieur le comte!

LE COMTE, avec un effort.

Tous deux étaient ivres!... Tandis qu'ils jouaient leurs biens, ceux de leurs familles, leur parole! une querelle s'éleva, qui, en peu d'instants, perdit toute dignité, et devint furieuse comme une bataille... Ils ne trouvaient rien d'assez outrageant à se jeter à la face... Le baron, surtout, insultait... *l'autre* dans le peu d'honneur qui restait à l'autre, et leur furie allait croissant toujours!... Dans ce délire, tout à coup, le baron tomba à terre!... Il y restait brisé, anéanti, réduit à l'impuissance! Mais... rien ne pouvait apaiser la rage du Satan au paroxysme de l'ivresse, et... son ennemi à terre... sans armes... sans forces!... d'un seul coup de son épée... il... il le tua!...

KARL, frémissant.

Et cet homme... ce Satan... c'était?...

LE COMTE, courbant le genou, et avec des sanglots.

Grâce!... c'était ton père!...

KARL, reculant.

Oh!...

ARY, comme recueillant ses pensées.

Oh! je me souviens, moi! je me souviens!

KARL.

Relevez-vous, mon père!

ARY.

Debout, monsieur le comte, et écoutez-moi ! Oh ! vous êtes bien coupable; mais, du moins, vous n'aurez plus à vous reprocher la mort d'un homme !

KARL, avec espoir.

Il se pourrait ?...

LE COMTE.

Qu'entends-je ?...

ARY, continuant.

La blessure que vous avez faite n'aurait point été mortelle, et, d'ailleurs, votre ivresse furieuse n'a frappé...qu'un cadavre.

LE COMTE.

Mais c'est impossible !

ARY.

C'est la vérité !... Vous, monsieur le comte, parti précipitamment, vous n'avez pu le savoir : eh bien, le corps de M. de Lambech ayant été secrètement transporté chez lui, son fils appela un médecin pour constater la mort, (Appuyant.) qui le faisait baron. Ce médecin, c'était le docteur Magnus Kœrner, mon père. Reconnaissant que le coup d'épée n'avait pu causer la mort, il étendit son examen, et découvrit au cœur la rupture d'un anévrisme récemment parvenu à sa période extrême... Il se fit rendre le compte le plus exact de tout ce qui se rattachait à la maladie et à l'événement, et M. Fritz de Lambech ayant aidé froidement à ces investigations, il résulta de l'examen que la mort, inévitable pour le baron, avait précédé le coup d'épée.

LE COMTE, un instant joyeux.

O mon Dieu! mon Dieu! (S'arrêtant.) Mais, en réalité, suis-je moins coupable? (Accablé.) Non, non! et je ne me pardonnerai jamais!

KARL, vivement.

Mais alors... le baron Fritz savait cela?

ARY.

Il l'a su le premier.

LE COMTE, se redressant.

Il le savait !... et, pendant vingt ans, il m'a fait vivre avec cette pensée terrible : je suis un meurtrier !... Il savait... et il n'a rien dit !... (Avec une force fiévreuse, qui va toujours en augmentant.) Ah! c'est que vous ne savez pas, vous, tout ce qui s'est passé dans cette nuit fatale !... J'étais chez moi, résolu à mourir... L'arme était prête... la confession signée !... Tout à coup, un jeune homme parut devant moi : c'était le fils du baron de

Lambech. Je me jetai à ses pieds; je mis entre ses mains la lettre où je m'accusais du meurtre, je lui demandai pardon!... je le suppliai de venger son père en m'arrachant la vie!... Il parut avoir pitié de mon désespoir!... « Je suis assez vengé, dit-il, par un tel repentir; le malheur n'a pas eu de témoins, le baron sera mort par l'effet de quelque maladie!... Pour moi, je vous pardonne!... »

ARY.

Il savait bien déjà n'avoir qu'une intention à vous pardonner.

LE COMTE.

Longtemps après, comme le spectre de mon passé, un jour encore le baron Fritz de Lambech s'est dressé devant moi, et il a osé me demander la main de ma fille. Tout jeune encore, il avait aimé la comtesse, et si je n'avais point demandé sa main, « elle l'eût aimé, disait-il; elle l'aimait peut-être! »

KARL.

Il insultait ma mère !

LE COMTE, sans s'arrêter.

C'était bien le moins, selon lui, qu'il devînt l'époux de Marguerite, belle comme la comtesse, et qui lui rendrait le bonheur que, moi, je lui avais pris! J'ai refusé. Alors il m'a montré l'aveu naguère écrit et signé par moi, au moment où je voulais mourir, et qu'il avait conservé! Et comme je refusais encore : « Soit, a-t-il dit; mais Marguerite et son frère sauront qu'ils sont les enfants d'un assassin!... » J'ai cédé à la terreur, et voilà, Karl, pourquoi j'ai promis au baron de Lambech la main de Marguerite!

ARY.

Mais vous pouvez le braver désormais... Osez-le; et, s'il vous accuse, je répéterai ce que je tiens de mon père.

KARL.

Et tu espères qu'on te croira plutôt que le papier signé par le comte lui-même? Insensé!... sais-tu ce que le misérable dira, et ce qu'il fera dire? Que, voulant épouser Marguerite, tu tentes de justifier son père en invoquant le souvenir du tien, Ary; et on le croira, et l'aveu publié nous flétrira tous.

ARY, avec rage.

Oh !...

LE COMTE, avec douleur.

Oh !... faudrait-il donc toujours se résigner... et sacrifier Marguerite?... Car le misérable est inflexible. Tout à l'heure encore, après lui avoir vainement offert toute ma fortune pour remplacer la sienne, que je croyais perdue, je me suis traîné à ses pieds, comme jadis; mais il ne m'a répondu qu'en me sommant de tenir ma promesse; et, pour m'effrayer, il agitait encore devant mes yeux le papier fatal qu'il avait sur lui.

ARY, à part, d'un ton singulier.

Sur lui ?...

LE COMTE.

Et il ne m'accordait qu'une heure avant de venir savoir ici, ici même, tenez... quel jour j'aurai fixé pour le mariage.

KARL, à part, même jeu qu'Ary.

Il va venir!...

ARY, très-calme.

Allons! à chacun de nous sa part de malheur! Je saurai prendre la mienne. (Fausse sortie.)

KARL.

Où vas-tu ?

ARY.

Dire à ta sœur que je saurai me résigner, et...

KARL, à demi-voix.

Ary, tu mens!

ARY, de même.

Oui.

KARL, de même, en lui serrant la main.

Reste donc, il va venir!... (Haut.) Monsieur le comte, votre tâche est finie : la nôtre commence. Il faut nous laisser terminer ceci.

LE COMTE, le pénétrant.

Karl! tu veux te battre avec le baron?

KARL.

Et, quand cela serait, mon père?... Soyons francs... n'est-ce pas ce que vous feriez vous-même si vous croyiez le pouvoir?

LE COMTE.

Veux-tu donc que je te laisse aller à la mort?

KARL.

Aimez-vous mieux envoyer Marguerite à un malheur sans fin?...

LE COMTE, à lui-même.

O châtiment!... châtiment!...

KARL.

Mais, rassurez-vous, dans cette crise, j'ai le bonheur d'avoir un ami... (Il tient la main d'Ary.) Et il y a des heures où cela vaut une épée... Allez, mon père, et reposez-vous sur nous...

LE COMTE, à Ary.

Vous l'entendez, il va risquer sa vie.

ARY, bas.

Après la mienne. (Haut.) Laissez-nous, monsieur le comte... vous m'avez permis d'espérer que votre honneur deviendrait le mien... souffrez que moi aussi je veille... sur notre honneur.

LE COMTE, au moment de sortir.

Karl... docteur... (Leur ouvrant ses bras.) Mes enfants!... (Ils se précipitent.) Que Dieu soit avec vous!...(Il sort.)

SCÈNE XII.

ARY, KARL, puis LE BARON.

ARY.

Pourquoi m'as-tu empêché d'aller tuer le baron?

KARL.

Parce que sa vie m'appartient...

ARY.

En quoi donc plus qu'à moi?...

KARL.

Elle insulte à la mémoire de ma mère... à la vieillesse de l'homme dont il a empoisonné l'existence... à la liberté de ma sœur... As-tu quelque titre pareil?

ARY.

Tu m'as appelé ton frère... laisse-moi partager tes droits...

KARL.

Écoute : il faut qu'il meure, n'est-ce pas?... et comme il a ce papier... nous ne devons plus le perdre de vue jusqu'à... jusqu'à ce qu'il tombe... Eh bien! moi, je sens que je le tuerai.

ARY.

Et, s'il te tuait, lui?... tu es nécessaire à deux existences!...

KARL.

Et si tu succombais, toi?... Tu comptes plus que moi dans le bonheur de ma sœur.

ARY.

Eh bien!... que M. de Lambech choisisse entre nous!

KARL.

Chut!... c'est lui... (Ils sont alors devant la cheminée; ils s'y adossent en voyant s'avancer le baron. Celui-ci, en entrant dans le salon, regarde autour de lui; l'air un peu surpris, il va à la cheminée pour interroger la pendule, la trouvant masquée à ses yeux par Ary et Karl.)

LE BARON.

Pardon, messieurs!...

ARY.

De quoi, monsieur?

LE BARON.

Ah! c'est juste!... je n'ai à vous demander pardon de rien, je veux seulement regarder l'heure.

KARL.

Quelle heure, monsieur?

LE BARON.

L'heure où M. votre père doit fixer le jour du mariage de mademoiselle votre sœur.

KARL.

Alors, monsieur, inutile de regarder : il n'est pas cette heure-là!...

ARY.

Elle ne sonnera même jamais.

LE BARON.

Pour vous, docteur!.. Mais, messieurs, permettez...Ça pourrait durer longtemps cette partie de raquettes : où voulez-vous en venir?

ARY.

Avec lequel de nous deux voudriez-vous vous battre?

KARL.

D'abord?

LE BARON, riant.

Eh! mais, ni avec l'un, ni avec l'autre, messieurs.

KARL, se contenant.

Et pourquoi pas avec moi, baron, si j'y tenais absolument.

LE BARON.

Parce que je tiens absolument à épouser votre sœur, moi, et que je ne peux pas me battre avec... mon frère.

KARL.

Moi, votre frère! vous m'insultez!

LE BARON, riant.

Karl, mon ami, vous jouez don Quichotte ce soir : c'est un rôle à plats à barbe et à moulins à vent, défiez-vous-en!

ARY.

Mais avec moi, monsieur, vous n'avez pas les mêmes raisons?

LE BARON.

Non, mais j'en ai d'autres. En premier lieu, tout mon temps est pris; ensuite on vous nomme Kœrner, vous!... Et l'on me nomme le baron de Lambech, moi; ensuite... Mais, d'ailleurs, pourquoi me battrais-je avec vous?... Parce que vous aimez ma femme? Mais je l'aime aussi, moi, ma femme! Ce n'est peut-être pas d'une flamme aussi éthérée que la vôtre, non! La mienne, à moi, sent un peu l'enfer... mais les dames aiment assez se brûler à ces flammes-là!...

ARY, avec colère.

Monsieur, il s'agit d'une enfant!...

LE BARON.

D'une enfant, oui! dont le cœur est à vous aujourd'hui à ce que vous croyez! Eh!... monsieur, il sera à moi demain. Il n'y aurait donc que les médecins pour être aimés!.

KARL, s'échauffant.

Abrégeons, monsieur: j'ai hâte de nous voir une arme à la main.

LE BARON.

Vous ! Est-il bien indiscret de vous demander pourquoi?

KARL.

Parce que j'ai à venger ma famille désolée, outragée, opprimée par vous.

LE BARON, sans plus s'émouvoir.

Ah! bon! j'y suis... Le comte vous a fait sa confession!

ARY, s'échauffant aussi.

En voilà trop, monsieur! Et si vous n'entendez pas le cri de votre conscience...

LE BARON.

Pardieu! messieurs, vous criez plus fort qu'elle!

KARL.

Tenez... monsieur de Lambech, vous n'êtes qu'un fanfaron!

LE BARON, sans prendre garde à lui, à part.

Ah! ah!... le vieux lion n'a plus la force de me déchirer lui-même, et alors...

ARY.

Baron de Lambech, vous êtes un déloyal.

LE BARON, de même.

Alors, il m'envoie ses lionceaux!

KARL, se rapprochant du baron.

Menteur! misérable!...

LE BARON, leur répondant.

Eh! messieurs, n'usez pas votre dictionnaire : j'ai dit que je ne me battrais pas.

ARY, se rapprochant aussi.

Véritablement, monsieur, vous êtes un lâche! (Silence railleur du baron. Ary reprend, s'animant toujours.) Voyons... voyons... il faut donc tout vous dire... Oui, le comte s'est confessé à nous; mais je l'ai absous, moi... moi... fils du docteur Magnus Kœrner... et à vous qui voulez crier que le comte est un meurtrier, je dis d'avance : vous avez menti!...

LE BARON.

C'est bien possible... si vous me dites cela tout bas; mais si vous me le dites tout haut, je dirai que c'est vous qui avez menti; je dirai...

KARL, ne se contenant plus.

Tu diras que tu as offensé la mère, et que le fils t'a souffleté! (Il le soufflette.)

LE BARON, pousse un cri terrible.

Ah! (Il reste un moment paralysé par la rage. Retrouvant la voix) Une épée! une épée! on m'a touché au visage!...

KARL.

Il s'anime, enfin! (Tout le monde entre en désordre par la porte restée ouverte à la sortie du comte. — La musique, qui avait repris, se tait brusquement.)

SCÈNE XIII.

Les mêmes, LUTZ, RANSPACH, sans costume, GARDEN, RANDAL, SHEBEL, puis LE COMTE, invités, RUTTER, puis MARGUE-RITE, en robe blanche ordinaire.

LUTZ, recourant.

Qu'est-ce donc ?

GARDEN, de même.

Que se passe-t-il ?

LE COMTE, de même.

D'où vient ce cri ?

LE BARON, bondissant avec fureur.

On m'a touché au visage ! (S'apercevant seulement alors qu'il a une épée au côté, et riant comme un fou.) Ah ! ah ! mais... j'ai une épée.

MARGUERITE, entrant.

Qu'y a-t-il donc, mon père ?

KARL, au baron.

Partons, monsieur !

LE BARON, en courant au fond.

Non ! (Il ferme les portes et en retire les clefs avant qu'on ait le temps de s'y opposer.)

LE COMTE.

Qu'osez-vous faire chez moi ?

LE BARON.

Je ferme les portes. (Tirant son épée.) Je veux ma vengeance, à l'instant ! ici même !

ARY.

Monsieur, vous ne ferez pas cela !

LE BARON.

Ah ! si, pardieu, je le ferai ! Ah ! l'on m'a touché au visage ! (Montrant Karl.) C'est son sang qui me lavera !

PLUSIEURS VOIX.

Pas ici ! pas ici !

KARL, frappant du pied.

Sortons donc, monsieur !

LE BARON.

Non ! en garde ! Je veux te tuer devant tous, aux pieds de ton père, aux yeux de ta sœur... et personne ne sortira. J'ai les clefs ; qu'on vienne les prendre !... En garde, Karl ! et mort au premier qui se met entre nous ! (Il s'adosse à la che-minée.)

CRI GÉNÉRAL.

Horreur !

LE BARON, joyeux.

Ah ! ah ! ah ! n'est-ce pas, comte, que je sais me venger ?...

Et l'on va voir une belle fin de bal... toute rouge! (A Karl.)
Arrache-moi ta vie, toi, maintenant, je t'en défie!

RUTTER, s'élançant sur le baron.

Il faut le désarmer... (Mais il recule et tombe blessé. — Nouvelle
terreur.)

MARGUERITE a vu ce mouvement.

Ah! (Elle tombe évanouie; on l'entoure. Le comte se tord les mains
de désespoir.)

KARL, qui s'est enfin dégagé, revenant au baron.

Ici ou ailleurs, finissons! (Ils croisent le fer.)

ARY, se jetant entre eux.

Bas les épées! (Il les prend à pleine main, et, remontant jusqu'à la
garde, il s'en saisit par une secousse furieuse, en s'écriant:) S'égorge-
t-on, ici? (A ce moment, on voit Randal, Shebel et Garden qui pèsent
chacun de tout son poids sur chaque porte du fond.)

LE BARON, avec rage et frappant du pied.

Ah! (Les portes éclatent avec bruit.)

KARL, au baron.

Nous reprendrons nos épées au lieu du combat.

LE BARON, d'une voix sourde.

Soit! (Se voyant entre Lutz et Ranspach et leur prenant la main.) Vous
êtes mes témoins, messieurs?... (Ils s'inclinent.) Un duel à mort!

KARL.

Je n'en veux pas d'autre! (Au comte.) Mon père, je veux
vous voir la force d'assister votre fils .. (A Ary.) avec toi, frère!
(Tous trois se serrent la main.)

ARY, à part, en regardant les épées qu'il tient à la main.

C'est Karl qui va se battre... et avec lui j'ai vu la Mort! (Il
sort avec le comte et Karl.)

SCÈNE XIV.

La galerie et le salon sont entièrement déserts. On voit l'Amour
sans masque paraître à une petite porte à droite; après avoir regardé quelle direction ils prennent, la Mort suit les combattants.

ACTE CINQUIÈME

L'épée et la serpe.

Un bois aux environs de Munich : le jour va paraître sous les arbres
dépouillés par l'hiver; le sol inégal est blanchi par la neige;
aspect triste et glacé : çà et là, quelques sapins offrent seuls un
peu de vert, en se détachant rudement sur le fond gris du ciel et
de la terre qui se confondent.

—

SCÈNE PREMIÈRE.

(Au lever du rideau, la neige tombe à gros flocons; dans un pli du terrain,
blanc comme un linceul, on aperçoit une forme noire accroupie. On entend
un bruit de voiture qui se rapproche.)

LE BARON DE LAMBECH, LE DOCTEUR RANSPACH, et MAITRE LUTZ, arrivent par la droite.

(Ils ont encore leur costume de l'acte précédent. Seul, le docteur Ranspach a
mis, par-dessus le sien, un long manteau dont il se couvre de son mieux.)

LE BARON, regardant autour de lui.

Ah! nous sommes les premiers!... Fasse le sort que les premiers ne soient point les derniers ici, comme dans l'Écriture!

RANSPACH.

Comment cela, monsieur le baron?

LUTZ.

Vous ne comprenez donc rien, docteur? M. le baron veut
dire que s'il restait le dernier, c'est que le sort des armes lui
aurait été fatal...

LE BARON.

Parfaitement défini, maître Lutz... et... ce « sort des
armes » me plaît fort! J'eusse préféré, peut-être, « le Dieu des
combats. » (Montrant Ranspach.) à cause d'Apollon; mais, enfin!...
(A Ranspach qui grelotte.) On dirait que vous avez froid, docteur?

RANSPACH.

Moi... je suis transi!...

LE BARON.

Faiblesse de caractère, mon cher! un esprit fort se dit :
« Je ne veux pas avoir froid! » et cela vous réchauffe un
homme!... Ainsi, moi, par exemple...

RANSPACH.

Vous, vous... vous êtes le diable!

LE BARON.

Voyez comme vous êtes peu logique, docteur!... Car, enfin, si je suis le diable, comme il fait très-chaud chez moi, je
dois être plus frileux que vous!

RANSPACH, grelottant plus que jamais.

Ah! ma foi, serviteur... mais je ne suis pas en train de faire de l'esprit!

LE BARON, riant.

Vous n'êtes jamais en train, vous!

RANSPACH.

Comment pouvez-vous plaisanter encore dans une circonstance semblable... et par un froid pareil?... Ah! ah! ah!... mes dents s'entre-choquent!...

LE BARON.

Oh! mais, aussi, c'est qu'on n'a jamais vu courir les bois dans ce temps-ci en costume d'Apollon!

RANSPACH.

Je vous admire, monsieur le baron! Eh! je vous prie, m'avez-vous laissé, par hasard, le loisir de me métamorphoser?

LE BARON, avec un sentiment de regret.

Si, du moins, vous aviez apporté votre lyre... ça aurait servi à faire du feu. Allons, riez donc, ça vous réchauffera...

LUTZ, qui semblait, depuis une minute, réfléchir profondément.

Monsieur le baron, je pense à une chose... Est-il bien convenable que moi, le cousin de M. le comte, je vous serve de témoin dans un duel avec M. Karl de Stramberg?...

LE BARON.

Maître Lutz, est-ce que, dans le cours de votre vie, vous n'auriez fait, par hasard, que des choses convenables?

LUTZ.

Mais, monsieur le baron...

LE BARON.

Non, n'est-ce pas?... Eh bien, alors, qu'est-ce que vous allez me chanter là?... (Regardant autour de lui.) Mais, voyons, messieurs, si, pour tuer le temps agréablement, nous cherchions ensemble une place commode pour se couper la gorge?

RANSPACH.

Oui!

LE BARON, cherchant, et s'arrêtant au fond.

Que dites-vous de cet endroit-ci?... Ne vous semble-t-il pas agréable?

RANSPACH.

Oui! Ce ciel noir... cette neige étendue comme un linceul... ces arbres décharnés... Très-agréable!

LE BARON, s'arrêtant dans un autre endroit.

Ah! messieurs, voici encore quelque chose de très-pittoresque!

LUTZ.

Voyez donc plutôt par ici, messieurs. (En disant ces mots, il aperçoit la vieille bûcheronne, ombre noire, accroupie à terre.) Eh! qu'est-ce que cela?... Que faites-vous donc là, la vieille?.. Voyons, remuez-vous!... Êtes-vous pétrifiée?... (L'ombre se lève et va plus loin.)

LE BARON, riant.

Mais, par l'enfer !... c'est l'une des trois Parques... la plus
laide... seulement elle a changé ses ciseaux contre une serpe !
(La rappelant.) Eh ! la vieille, ne t'en va pas, je vais te donner
de la besogne ! (Aux autres.) Car voici encore, très-certainement,
la meilleure place... (A la vieille.) Tiens, avec cette branche,
balaye un peu la neige en cet endroit-ci... Allons, sombre
hôtesse, prépare le lit de celui qui s'endormira là. (On entend
au loin un nouveau bruit de voiture.) Tiens, hâte-toi, voici ton hôte
qui t'arrive. (La vieille bucheronne est accroupie; elle rejette son capuchon
en arrière, et on reconnaît la Mort. Bientôt, au milieu de la neige, elle a fait
une large place noire. — Entrent le comte de Stramberg, Karl et Ary Kœrner.)

SCÈNE II.

LES MÊMES, LE COMTE, KARL et ARY.

LE COMTE, à part, en apercevant le baron.

Ah ! le voilà !... J'espérais que cet homme serait mort en
route. (Dans une grande agitation.) Pourvu que Karl ne remarque
pas mon émotion... Elle pourrait le gagner, et... (Bas à Ary.)
Est-ce que je suis bien pâle?... (Sans attendre la réponse, et regardant le baron.) Comme il est calme, lui !... (Avec terreur.) S'il allait me tuer mon fils !... (Il frissonne.) Oh! j'ai peur de tomber!
(A Ary.) Donne-moi ta main... Oh! pardon! donnez-moi
votre... (Ary remonte avec les témoins.) Ma pauvre Marguerite... que
fait-elle en ce moment?... (Il va pleurer, puis il s'arrête.) Qu'est-ce
qu'ils font, eux ?... Ils préparent les épées, sans doute ! Est-ce
qu'ils vont commencer?... (A part.) O mon Karl ! Ame de sa
mère, veille sur lui!... (Il joint les mains et semble prier. Pendant
ce monologue du comte, les témoins du baron ont retiré les épées de leur
gaîne, les ont mesurées, puis ont aplani le terrain, préparé déjà, etc., etc.
Pendant ce temps, le baron fredonnait une tyrolienne en se promenant. —
Les préparatifs sont terminés; chacun des deux combattants a reçu une épée.
Ils tombent en garde ; le froissement du fer tire brusquement le comte de
sa rêverie ; ramené brusquement à la réalité, il se retourne en étouffant un
cri. — A part.) Oh !

ARY.

Oh ! quelle angoisse ! Est-ce l'heure du châtiment ? (Le duel
commence.)

LE BARON, tout en se battant, regardant les témoins l'un après l'autre.

Tiens ! un... deux... trois médecins !... Brelan de médecins !... Décidément, ce sera mortel !...

ARY, à part, pendant que le duel continue.

Ce châtiment, est-ce dans Karl qu'il va me frapper?... La
mort était dans ce bal; était-ce lui qu'elle menaçait?... (Il regarde Karl, et aperçoit en ce moment la vieille bucheronne qui se dirige de

son côté. Il pousse un cri étouffé et chancelle; il vient de reconnaître la
Mort : celle-ci a paru derrière Karl, et Karl porte tout à coup sa main
gauche à son poignet droit. Le combat s'arrête.)

LE COMTE, d'une voix éteinte.

Mon fils!...

ARY, courant à Karl.

Karl... tu es blessé ?...

KARL.

Ce n'est rien!... (Avec douleur.) Oh!... je ne puis plus tenir
mon épée.

LE COMTE.

Donne-la-moi donc ! (Il va pour la prendre.)

ARY, mettant le pied sur l'épée.

Laissez, mon père ! c'est à moi de remplacer votre fils ! (Au
baron.) A mon tour ! (Il ramasse l'épée.)

LE BARON, avec joie, avant de se mettre en garde.

Enfin !... Je t'ai dit un jour que j'étais de ceux qui ne pardonnent jamais... et depuis, tu es devenu l'amant aimé de
Marguerite.... Pourquoi ne puis-je te tuer qu'une fois !...

ARY, qui vient d'apercevoir la vieille bûcheronne, à lui-même.

Je la vois... elle est là... Pour lequel de nous deux? (Au
baron.) Défends-toi bien ! (La bûcheronne est venue s'accroupir sur ses
genoux, derrière le baron. Sa faucille brille dans sa main. Le combat a
recommencé pour la deuxième fois encore plus acharné. A un certain moment où Ary Kœrner se découvre en portant un coup désespéré au baron,
la bûcheronne avance la main qui tient la serpe et touche celui-ci au talon.
Le baron est frappé en pleine poitrine; il se redresse alors de toute sa
hauteur, et tombe.)

LE BARON, avec un grand cri.

Ah ! je suis mort !

KARL, se dégageant des bras de son père, et courant au baron.

Enfin !... ce papier?... (Le baron, qui a deviné son intention, prend
le papier dans sa poitrine, et l'agite pour le donner à Lulz.)

LE BARON, luttant.

Ce papier... tu ne l'auras pas... je veux... je... (Ses forces
l'abandonnent. Il lâche le papier, Karl s'en saisit.)

KARL, le donnant au comte.

Tenez... tenez, mon père!...

RANSPACH, qui s'est penché sur le baron, à part.

C'est bien un homme fini !...

LE COMTE, serrant Karl dans ses bras en sanglotant.

Mon Karl!... mon enfant!... (Voyant Karl qui chancelle tout à
coup.) Qu'as-tu?... Ah! cette blessure ?... Viens vite, partons !
(Il emmène Karl.)

LE BARON, qui s'est un peu soulevé, est tout à coup pris d'un fou rire qui
ressemble à une convulsion. D'un ton fiévreux.

Ah! ah! ah!... ah! ah!... (Il rit plus fort.) Ah! ah! ah!...
(S'arrêtant tout à coup.) Mais... mais je n'y vois plus clair, moi!...
(Il retombe.)

ARY, à Lutz.

Avez-vous une voiture ?

LUTZ, qui regardait le baron.

Oui, la sienne. Je vais la faire avancer. (Il sort.)

ARY, qui s'est agenouillé près du baron, à lui-même.

Allons, plus rien à tenter... rien !...

LA BUCHERONNE, à voix basse en passant derrière Ary.

Je m'appelle aussi *Justice*. (Elle disparaît un moment au milieu des arbres. Ary a frissonné. Un domestique, à la livrée du comte, entre rapidement d'un côté, tandis que Lutz revient de l'autre.)

LE DOMESTIQUE, à Ary.

Venez vite, docteur, M. Karl vient de s'évanouir !...

ARY.

Mon Dieu !... (Regardant le baron.) Mes soins sont inutiles ici... allons ! (Il sort avec le domestique.)

LUTZ, à Ranspach.

Docteur, je ne retrouve plus la voiture du baron !

RANSPACH, grelottant toujours.

Au diable !... Nous ne pouvons pourtant pas le laisser ici plus longtemps !... Comment s'appelle le cocher ?

LUTZ.

Hartmann.

RANSPACH.

Eh bien, appelez de ce côté, je vais voir de cet autre !... (Ils sortent rapidement de deux côtés différents. La neige redouble à partir de ce moment.)

LA VOIX DE LUTZ.

Hartmann !...

LA VOIX DE RANSPACH.

Hartmann !...

SCÈNE III.

LE BARON, seul. Quand Lutz et Ranspach ont disparu, il se soulève avec peine. — D'une voix éteinte.

Eh bien... où sont-ils donc ?... (Frissonnant.) Est-ce que... je vais mourir ainsi ?... (Il retombe et reste immobile.) Je ne peux déjà plus remuer !... (La neige tombe plus fort.) Non... non... je ne peux plus !... (Avec terreur.) La neige couvre déjà mon visage !... elle s'épaissit, la neige !... Ah ! la vilaine mort !... la vilaine mort !... Je me suis donc trompé, moi, dans la vie ?... Oh ! si c'était à recommencer !... si c'était... Bah !... je crois que je n'agirais pas autrement... (Depuis quelques instants, la vieille bûcheronne a reparu entre les broussailles, au-dessus du baron. A mesure que son agonie s'avance et que sa voix s'éteint, elle étend sur lui ses bras couverts de sa mante en haillons, qui ressemblent à deux grandes ailes noires. — Le baron reprend d'une voix qui s'éteint.) Quel temps !... vilaine journée !... Par bonheur, je ne la verrai pas finir !... c'est égal !... c'est bien laid de mourir ainsi, tout seul... comme un chien !... (Il expire. On entend en ce moment le roulement lointain d'une voiture. La neige redouble.)

ACTE SIXIÈME.

L'Ange de minuit.

Au château de Stramberg : une salle-galerie qui précède la chapelle du château, dont l'entrée est à droite, deuxième plan, au dessus de quelques marches ; à gauche, portes latérales ; une autre porte, à droite, ouvre dans l'appartement de madame Catherine Kœrner ; au fond, une haute et large verrière qui, étant ouverte, doit laisser voir le parc du château, avec un chemin qui monte en serpentant à perte de vue. Il est nuit : grande lampe, torchères et flambeaux allumés ; Sur le devant à gauche, un canapé.

———

SCÈNE PREMIÈRE.

ARY, RANDAL, SHEBEL, GARDEN, puis RANSPACH.

ARY.

Oui, mes bons, mes fidèles amis, je reçois vos compliments avec une joie sincère... comme votre amitié même. Oh ! je connais vos cœurs... et je sais que l'instant qui va voir mon union avec mademoiselle de Stramberg sera bien doux, pour vous aussi...

GARDEN.

N'allons-nous pas la saluer bientôt, ta belle fiancée, Ary ?

ARY, montrant la gauche.

Oui... elle est là, avec ses compagnes, à qui elle distribue ses parures et ses bijoux de jeune fille.

SHEBEL.

Et notre respectable amie, docteur, madame Kœrner, la douairière du nom ?

ARY.

Ma mère... Ah ! mes amis, s'il y avait un nuage dans mon ciel, il viendrait de ce côté !

GARDEN.

Et comment ?

ARY.

Ma mère... qui avance en âge, est un peu souffrante depuis quelque temps ; mais elle n'a pas voulu que, pour elle, on retardât d'un seul jour celui où son cher Ary n'a plus un souhait à former !... Elle va beaucoup mieux en ce moment, d'ailleurs !... Elle est si bien soignée !...

SHEBEL.

Par le docteur Kœrner ?

ARY.

Par le savant Karl de Stramberg, un jeune maître, mes-

sieurs! Depuis qu'il a forcé ma mère à venir habiter cette
noble demeure, (Montrant la droite.) car voici son appartement,
il ne la quitte pas, veillant sur elle comme si c'était sa mère,
à lui aussi...

GARDEN.

Ce bon Karl!

SHEBEL.

Je croyais que le mariage devait avoir lieu dans la cathé-
drale de Munich?

ARY.

Non; Marguerite et ma mère ont demandé qu'il fût cé-
lébré dans la chapelle du château. (Montrant la droite, deuxième plan.)
Là, à minuit! (Souriant.) Il fallait obéir. (A lui-même, avec une joie
intime.) Et c'est tout à l'heure!...

GARDEN.

Le temps te paraît long?

ARY.

Oui... mais pas trop, cependant; car le bonheur a com-
mencé pour moi, et, au moment où il va couronner ma vie,
je trouve du charme à regarder en arrière le chemin parcouru... parcouru sans lui, ce traître bonheur! Mais, avec
vous, mes bons camarades, qui avez souvent doré mes mi-
sères des rayons de votre gaieté! (Il leur serre la main.)

RANDAL.

Ce cher ami!

GARDEN, regardant à gauche.

Ah! voici le docteur Ranspach!

SHEBEL, allant à lui.

Eh bien, docteur, votre malade de ce matin, vous n'avez
donc pas pu le sauver?

RANSPACH, naïvement.

Ma foi, non! (Se reprenant.) Mais, je n'exerce plus! Suis-je
bête, donc! Mon cher Ary, j'avais à cœur d'assister à votre
mariage, pour lequel j'ai toujours fait des vœux.

ARY.

Merci, mon cher confrère...

RANSPACH, aux jeunes gens.

Oui, messieurs! car je l'avais deviné, moi, notre illustre
ami! Je lui ai bien fait subir quelques épreuves, mais je savais bien qu'il en sortirait victorieux!... Combien de fois
l'ai-je défendu contre... contre son siècle, ma foi!

ARY, qui regardait à gauche.

Messieurs, mademoiselle de Stramberg!

SCÈNE II.

LES MÊMES, MARGUERITE et SES COMPAGNES, puis CATHERINE
et KARL, puis RUTTER et LES INVITÉS.

(Marguerite paraît. Elle est simplement vêtue de blanc, le front ceint de
roses blanches. Elle entre au milieu de ses compagnes, habillées à peu
près comme elle, et parmi lesquelles quelques-unes ont un voile.)

RANSPACH, à part.

Oui, la voilà, notre Marguerite! Qu'elle est belle!... Ah! si
j'avais osé, elle m'eût aimé, peut-être!

LES TROIS JEUNES GENS, saluant.

Mademoiselle!

MARGUERITE, gaîment.

Oh! dites : « madame! » je vous le permets, messieurs; ou
plutôt, je vous le demande, mes amis, car vous êtes mes amis,
vous qui avez tant aimé et soutenu (Montrant Ary.) celui dont
je suis fière!... et pour vous, par reconnaissance, je serai une
sœur... voulez-vous?

GARDEN.

Oh! madame!

ARY.

Chère Marguerite!

MARGUERITE, allant à lui.

Mais... je n'ai pas encore entendu les cloches... Êtes-vous
sûr, mon ami, qu'il n'y ait point de retard?...

KARL, qui entre de droite en donnant le bras à la vieille madame Kœrner.

Place! place à d'autres amoureux!

CATHERINE.

Karl! mon cher Karl! vous finirez par me compromettre,
malheureux! (A Marguerite.) C'est qu'il est adorable, le vaurien!

MARGUERITE.

Et vous donc, mère? n'êtes-vous pas plus adorable encore?

RANSPACH.

Eh bien! voilà un autre mariage à l'horizon.

ARY.

Soit! nous en parlerons plus tard.

CATHERINE, que Karl conduit à un siège.

Plus tard! plus tard!... C'est le mot de la jeunesse... Me
voilà déjà bien vieille, moi, mon Ary tant aimé! et le jour
n'est plus si loin où il faudra nous dire : « Au revoir! » A
mon âge, d'ailleurs, on s'éteint tout d'un coup, sans souffrir.
Il faut nous y préparer tout doucement. Mais enfin, cher enfant, enfin! je t'aurai vu heureux, et je m'en irai rassurée et
contente... Marguerite, vous l'aimerez pour deux, alors!...

MARGUERITE.

Oh! ma mère! chassez ces idées-là. S'il fallait que l'une de
nous deux mourût, je voudrais que ce fût moi, car... on peut
retrouver une épouse; une mère... jamais!

KARL.

Assez ! silence ! ou j'entre en fureur, moi ! Qu'est-ce que tout cela veut dire ? (Il gronde Catherine, tandis que Marguerite, prenant le bras d'Ary, l'emmène un peu à l'écart.)

MARGUERITE, à demi-voix.

Mais, soyez tranquille, nous vivrons tous les deux, Ary, pour que vous soyez plus aimé. (Ils continuent à se parler bas. Les cloches commencent à tinter.)

KARL.

Chut ! (Montrant Ary et Marguerite.) N'approchez pas ! n'écoutez pas ! voyez, admirez et respectez ; c'est tout ce qu'il y a de meilleur et de plus beau au monde : c'est l'Amour ! Chut !

RUTTER, entre et va à Catherine.

Madame Kœrner, ces pauvres mendiants qui, toujours, ont été secourus par vous, demandent à mêler leurs prières à toutes celles qu'on doit faire pour le docteur des pauvres... (Montrant le fond.) Ils sont là...

CATHERINE.

Braves gens !... Vous avez bien fait, Rutter, de les accueillir. (Les cloches ont continué à tinter doucement. — Les invités sont entrés derrière Rutter.)

MARGUERITE, à Ary.

Entendez-vous, Ary ? Les voilà qui sonnent, ces cloches si longtemps attendues...

ARY.

Oui ! oui ! mais ce bonheur est si grand, qu'il me fait peur... (On entend l'orgue résonner, la porte de la chapelle s'est ouverte, le comte paraît sur les marches.)

SCÈNE III.

Les mêmes, LE COMTE DE STRAMBERG.

LE COMTE.

Mon fils, ma fille !... venez, Dieu vous attend.

MARGUERITE, tenant la main d'Ary, à Catherine, qui a redescendu la scène, en s'inclinant avec Ary devant elle.

Bénissez-nous, ma mère ! (Sans une parole, et regardant le ciel, madame Kœrner étend la main sur eux. Quand Marguerite se relève, le comte s'approche d'elle, et elle appuie son bras sur le sien pour entrer à l'église ; Ary prend le bras de sa mère, malgré la feinte mauvaise humeur de Karl, et l'on se dispose à suivre le comte et Marguerite ; mais au moment où ceux-ci, les premiers, gravissent les marches de la chapelle, Marguerite tressaille, elle faiblit, et pousse un cri sourd.) Ah ! (Sensation générale.)

LE COMTE.

Ma fille !

KARL, CATHERINE ET ARY.

Marguerite ! (Ary, qui s'est précipité, la soutient avec le comte ; ils la ramènent en scène. Tout le monde s'empresse autour d'elle.)

LE COMTE.

Qu'est-ce donc, Ary ?

ARY, examinant Marguerite, à part.

Une sueur froide a glacé mon front ! Marguerite! ma Marguerite!

MARGUERITE, d'une voix faible, avec un accent tendre.

Mais ce n'est rien, mon ami; rien, mon père... Karl, ma mère, rassurez-vous, je ne souffre plus...

RANSPACH, aux invités.

Oui, oui, rassurez-vous, puisque je vous réponds d'elle. (Il entre dans la chapelle avec une partie des assistants.)

MARGUERITE.

J'ai déjà éprouvé quelque chose de semblable dans mon enfance... une émotion trop vive, la joie !... C'est la même chose aujourd'hui !... (Confondant dans le même geste caressant Ary et son père, Karl et Catherine.) Je suis si heureuse! Allons, donnez-moi votre bras, monsieur le comte ! Venez, Ary, j'ai hâte de vous entendre m'appeler votre femme !

ARY.

Allons !

LE COMTE.

Venez! (On se remet en marche.)

MARGUERITE, sur le seuil de l'église.

Ah ! (Elle tombe à la renverse.)

ARY.

Dieu tout-puissant! (Il l'enlève dans ses bras et vient l'étendre sur un canapé. Au cri déchirant de Marguerite, une sensation plus profonde et remplie d'effroi a frappé tout le monde.)

LE COMTE, à part.

Ne m'aviez-vous pas assez puni, ciel implacable !...

ARY.

Oh! je la sauverai !... Qu'on me laisse avec elle !

LE COMTE.

Mais, Ary...

ARY, d'un ton fiévreux et frappant du pied.

Je suis médecin, je le veux !... (Tout le monde se retire.)

SCÈNE IV.

ARY, MARGUERITE, LA STATUE.

ARY, prenant la main de Marguerite.

Oui, je la sauverai! Dussé-je y épuiser ma propre vie, je la sauverai ! (Les compagnes de Marguerite sont entrées à droite. Une seule, de celles qui sont voilées, est restée en arrière sur les marches du temple. Au moment où Ary s'écrie : « Je la sauverai! » ses yeux rencontrent cette forme blanche qui a laissé tomber son voile et qui le regarde fixement. En reconnaissant la Mort (elle a le costume de statue de sa première apparition), il tressaille et étouffe un cri d'horreur; puis, se redressant, et d'un accent plein d'épouvante.) Ah !... le voilà, mon châtiment!

le voilà, enfin!... et plus épouvantable que jamais je ne l'avais redouté!

MARGUERITE, d'une voix faible.

Mon ami, mon Ary, que dites-vous donc? que parlez-vous de châtiment? Un châtiment! à vous, pour qui j'ai tant de respect dans tant d'amour!... Je me sens bien faible, Ary; cela va passer, n'est-ce pas?... Mais alors, pourquoi ai-je peur?... (Souriant tristement.) Si j'allais mourir?... Oh! non! non! je ne veux pas, pas maintenant, où la vie est si belle! (Ary, resté immobile, les yeux sur ceux de la statue, semble ne rien entendre. — Minuit sonne lentement. — Marguerite continue d'une voix toujours moins forte.) Entendez-vous? C'est minuit! l'heure de notre mariage... Comme je t'aimais, Ary! (Souriant plus tristement encore.) Ah!... je peux bien dire « toi! » si je n'ai qu'un instant pour le dire... pour dire : « Je t'aime! »

ARY, sortant de sa torpeur.

Marguerite!

MARGUERITE, avec un peu de délire.

Ary, vous êtes là... près de moi... Mais, sommes-nous seuls?... ou bien... Ary, ou bien... Ah!... il me semble... que je vois... la Mort!

ARY.

Toi! toi aussi tu la verrais!... Oh! non, non! (A lui-même) Car elle n'est visible que pour moi... (Frissonnant.) pour moi et pour ceux qui sont en danger de mourir... Marguerite, mon amour, ma femme! Dieu! elle respire à peine! le battement du pouls se trouble, et je reste là, moi, immobile... éperdu!... Est-ce que je ne peux rien? Je ne pourrais rien, moi? Et... ses mains se refroidissent! ses yeux se voilent!... (Avec rage.) Voilà ma femme agonisante, je suis un grand médecin, et je ne pourrais rien? Ah!... la science!... (Appelant.) Marguerite!... Voyons! voyons! j'en ai déjà traité de ces syncopes mortelles... Que faisais-je donc? qu'ai-je inventé? A moi donc l'intuition, l'éclair, les coups d'audace!... Mais, du calme, d'abord, du calme!... Ah! j'ai le cerveau tout en feu!

MARGUERITE.

Parle-moi, Ary; je souffre moins quand tu me parles... et... vois-tu, je souffre comme pour mourir... Tu consoleras mon père... mais, toi, qui te consolera?...

ARY.

Mais tu ne mourras pas!... Toi, mourir?... Non! non!... car je me révolte!... (A la statue, toujours impassible.) Crois-tu donc que je te laisserai me la prendre?... Eh bien, non!... je la guérirai, je te l'arracherai!... (Soulevant Marguerite dans ses bras.) Tiens, je l'emporte... je te l'enlève... Viens, Marguerite, viens!... (La statue fait un geste de consentement; puis, d'un pas solennel, elle se dirige vers l'appartement de madame Kœrner. Ary, serrant Marguerite ur sa poitrine, s'est arrêté comme involontairement; puis, d'une voix oppressée :) Où vas-tu?... (Elle s'arrête, le regarde et fait encore quelques pas

vers la même porte. Comprenant alors, Ary, éperdu, laisse retomber Marguerite, en s'écriant :) Ah! le pacte!... son otage!... c'est ma
mère!... (Courant se jeter devant la statue.) Ma mère!... Non! non!
arrête!... épargne ma mère!... (La statue reste immobile; la porte de
droite s'ouvre et madame Kœrner en sort d'un pas précipité en se dirigeant
vers Marguerite.)

SCÈNE V.

LES MÊMES, CATHERINE, puis LE COMTE, KARL, GARDEN,
RANDAL, SHEBEL, RANSPACH, RUTTER, LES JEUNES
FILLES, LES INVITÉS, ETC.

CATHERINE.

Eh bien?... comment est-elle, ma fille?...

ARY, tremblant.

Comme vous êtes pâle, ma mère!...

CATHERINE.

Ce n'est rien... occupe-toi de ta fiancée... (Montrant Marguerite.)
C'est d'elle maintenant que tu as besoin pour être heureux...
vite! vite!... ranime-la!... je t'aiderai... (La statue est revenue
derrière le canapé.)

MARGUERITE, d'une voix éteinte.

Ary, tu vivras pour ta mère... moi, je... je t'aimais trop...
Adieu!...

ARY, avec désespoir.

Ah!... (La statue se penche vers Marguerite; il pousse un cri.)
Non!... (Elle montre la mère.) Non!... (S'écrie-t-il encore) non!
non!... laisse-les vivre toutes deux pour s'aimer dans mon
souvenir, pour me pleurer ensemble... Prends-moi!...

CATHERINE, avec terreur, en regardant autour d'elle.

Ary! ta raison s'égare!... Oh! mon Dieu!...

ARY, à la statue, sans écouter sa mère.

Prends-moi donc!... (La statue détourne la tête. Ary, comme fou
de douleur.) Choisir! il faut choisir!... c'est une torture inouïe!
Eh bien!... ô rage!... eh bien!... je dois la vie à ma mère, je
dois lui rendre la vie... laisse vivre ma mère, et... (Tombant aux
pieds de Marguerite.) et prends-la... elle !... prends-la!... (La
statue se penche sur Marguerite, renversée, pour mettre sur son front le
baiser mortel. Il se redresse d'un bond furieux et la couvre de ses deux mains.)
Non! non! je ne peux pas!... Pitié!... pitié!... (La statue reste
impassible.)

CATHERINE.

Ary, si tu doutes de ta science, ne doute pas de l'aide
de Dieu !

ARY, avec délire.

De Dieu! d'un Dieu farouche, implacable comme les hommes! D'un Dieu qu'on dit clément... et qui m'écrase... et
que je suis tenté de maudire!

CATHERINE, relevant la tête.

Ary, tu blasphèmes!

ARY.

Ah! vous ne voyez pas, vous ne voyez pas, vous, ma mère!
Vous ne savez pas ce qui m'attend, si je veux la sauver. (Appelant.) Marguerite!... ma femme! Ah! désespoir! elle ne
m'entend même pas!... (Depuis quelques instants, toutes les portes se
sont rouvertes; on a vu reparaître le comte, puis Karl, puis les amis, puis
Rutter, Ranspach, les invités, etc.)

ARY.

Que faites-vous, monsieur le comte?

LE COMTE, pliant les genoux.

Ce que vous ne songez jamais à faire : je prie.

KARL.

Il y a quelque chose au-dessus de la science, Ary. (Il s'incline
aussi; tout le monde suit son exemple.)

ARY, en regardant la statue, toujours impassible.

Ils espèrent encore!... mais je la vois, moi, je la vois!...

CATHERINE, à genoux près de Marguerite.

Je suis bien épuisée, Seigneur... mais la force pour prier
nous reste la dernière... Pour la bien-aimée de mon enfant,
Seigneur, je fais un vœu; rendez-la-lui, et je retournerai dans
ma pauvre maison... servir les malheureux; je reprendrai mes
pauvres habits, ma vie de misère, et je n'en changerai plus...
Exaucez-moi, Seigneur!

ARY, reste seul debout avec la statue, qui semble être de pierre. —
Regardant autour de lui.

Ils prient... ils prient tous, les jeunes et les vieillards! Je
ne sais pas prier, moi, savant; j'ai tant appris, que j'ai oublié les saintes paroles... Je ne puis plus même pleurer, tant
j'ai partagé de douleurs!... Mais c'est mon âme qui pleure, c'est
mon cœur qui prie... Laisse-moi cette enfant, Dieu bon, Dieu
père!... On ne l'aimera pas plus que moi dans ton ciel! Moi,
mon Dieu! je l'adore, je l'adore. (Avec rage.) Plus qu'on ne t'adore,
toi! Non, non! pardon, je suis fou!... Aujourd'hui, seulement
aujourd'hui, elle m'a dit : « Je t'aime! » et je ne l'entendrais
plus? jamais plus?... Si, si, n'est-ce pas, Dieu d'amour? Songez qu'elle est bien innocente, cette enfant! C'est une enfant,
regardez-la!... Et toi, mon Dieu, toi qui peux tout, tu ne voudrais pas nous laisser l'un à l'autre?... Est-ce possible?...
Mais c'est ma femme, ma femme! — N'est-ce pas, Marguerite? — Si elle meurt, j'expire! Oui, son dernier souffle sera
mon dernier soupir!... Et qui donc soignera tes pauvres, alors,
mon Dieu!... Ah! tu m'entends, tu m'exauces! je le crois, je
le sens!... Mais...laisse-moi ma mère aussi! J'ai beau être un
homme, ma vie tient encore à ses entrailles; c'est ma mère!
Soyez bon, mon Dieu! soyez bon comme elle, ma mère!...
Tenez, regardez! je ne me révolte plus, je suis bien humble,
bien courbé, bien petit!... Et qu'est-ce que cela vous fait de
me laisser Marguerite?... Plus tard, un jour, vous nous appellerez ensemble... mais me la prendre aujourd'hui!... me

l'arracher, ô Mort! là, là, dans sa robe nuptiale! Non, non! je ne veux pas! (Éclatant.) Ah! voilà que je pleure!... la voix me manque! Écoutez au moins mes sanglots, Dieu de miséricorde! écoutez les cris de mon cœur qui se déchire!... (Il tombe sur ses genoux; pendant ce qui précède, la Mort a écouté Ary comme on écoute quelqu'un qui vous parle, en le regardant; mais, depuis un moment, elle a tourné les yeux vers la chapelle, et son attitude et son geste semblent demander à Dieu : « Faut il frapper? Faut-il m'éloigner? » Aux dernières paroles d'Ary, elle semble recevoir un ordre divin, sous lequel elle s'incline; elle s'éloigne alors lentement en se dirigeant vers la gauche. En la voyant, Ary se relève soudainement.) Que vois-je!...

LA STATUE, parlant à Ary.

Ta science a eu souvent la gloire de vaincre la Mort... Aujourd'hui, c'est Dieu qui se laisse vaincre... par la foi, par l'amour! (Au moment de disparaître.) Notre pacte est rompu. (Elle disparaît. — A mesure qu'elle s'écartait de Marguerite, on a vu celle-ci se redresser, respirer, regarder autour d'elle. Ary est demeuré un instant comme frappé de vertige, en regardant alternativement Marguerite, et la porte par laquelle la statue a disparu.)

MARGUERITE, appelant.

Ary!

ARY, courant.

Marguerite! (L'examinant.) Les couleurs reviennent, le sang circule!... (Tout le monde rentre doucement.)

MARGUERITE.

C'est la vie! c'est la vie!...

LE COMTE.

Mon enfant! Marguerite!

MARGUERITE, debout.

Je renais! je respire! je suis forte! c'est comme un miracle!

CATHERINE.

Oui, un miracle! Et qui peut dire à qui il a été accordé?... (Allant au fond.) Merci, mes enfants! (Aidée de Rutter, elle ouvre les verrières. Sous les rayons d'un vif clair de lune, on voit alors par-dessus le front des pauvres encore prosternés, et au delà des jardins du château, on voit la mort qui s'éloigne à grands pas par le chemin qui monte en se perdant au fond. Par instants, elle se retourne et regarde, mais aussitôt, elle reprend sa marche, comme si elle recevait une impulsion nouvelle d'un ordre d'en haut.)

LE COMTE, sur les marches, à droite.

Dieu vous attend!

(L'orgue chante joyeusement, les cloches sonnent, on entre à l'église.)

FIN.

Les auteurs de *l'Ange de minuit* acquittent avec plaisir une dette légitime, en remerciant ici les interprètes de leur drame : M. Castellano, d'abord, dont le talent de premier rôle brille avec éclat dans les incarnations dramatiques les plus diverses; M. Faille, qui a fait du Comte de Stramberg une création remarquable; MM. Berret, Schey, Hoster, comédiens de bonne roche, arrêtés dans un drame; M. Paul Clèves, qui débute comme d'autres voudraient finir; mesdames Méa et Defodon, l'une si belle, l'autre si jolie, et toutes deux si sincèrement artistes; et aussi mesdames Blanchard, Gilbert et Blum, et encore MM. Constant, Antonin, Courtès, Desormes, etc. Les auteurs remercient, entre tous, M. Paul Bondois, dont le retour à Paris a été un véritable événement théâtral, et un bonheur pour leur pièce, puisque le créateur du rôle d'Ary Kœrner rapportait en lui l'art, l'intelligence et l'inspiration qui font le grand comédien.

T. B. — E. P.

LAGNY. — Typographie de A. VARIGAULT et Cie.